教师成长必读系列

丛书主编

刘春琼　刘　建

· What Every Teacher Should Know About ·

Better Behaviour
A Guide for Teachers
JARLATH O'BRIEN

更好的行为
给教师的指南

[英] 贾拉斯·奥布莱恩 / 著

邱　莉 / 译

上海教育出版社
SHANGHAI EDUCATIONAL
PUBLISHING HOUSE

年幼的孩子充满真心和真情；他的快乐来自人际关系；他依赖人际关系健康发展，他通过人际关系逐渐成长。当他与信任的人交流时，他感到很安全。孩子是独特而重要的人。

——让·范尼云(Jean Vanier)，《成为人类》(*Becoming Human*)

总　序

"教师成长必读系列"是上海教育出版社教育与心理出版中心策划、出版的一套教师教育类译丛，2018—2021 年推出第一辑。第一辑主要选自美国培生教育出版公司出版的 *What Every Teacher Should Know about* 系列。这些著作面向中小学教师和师范生，其中超过半数图书多次再版，受到各方好评，在美国大、中、小学都有很大影响。第一辑的六本书分别是《课堂管理的第一本书》（第三版）、《教学第一年生存指南》（第五版）、《教师的专业素养》（第三版）、《教育评估》《行动研究》和《课堂管理》（后三本集为《教育评估、行动研究与课堂管理》翻译出版）。第一辑所选图书以实践为导向，理论联系实际，将各学科基础理论与中小学教育实践进行很好的整合。

自译丛第一辑出版以来，编者与译者收到来自师范院校在读学生、一线教师以及相关专家和学者等的积极反馈。他们肯定了这些图书对推进我国教师教育理论研究与实践，促进中小学教师专业发展，提升师范生综合素养等方面的重要作用与借鉴意义。具体来看，首先，这些反馈肯定了丛书第一辑内容丰富且接地气的一面：既涉及教育管理、教育测量等理论性较强的专业性领域，也涉及教师职业化、教师职业规划等发展性主题,很好地体现出教师专业发展知识基础的基本构成。其次,这些反馈肯定了丛书的实践性。丛书短小精悍,内容精练,注重实用,以把问题讲清楚作为主要目标,以好用、易行为主要原则。这些著作直面实践,确实能做到"让读者看懂,看懂后马上能照着做"。再次,读者肯定了丛书的翻译质量。丛书译者均为相关领域专家,其中不乏学科带头人,他们以深厚、扎实的学术功底与积累,严谨、认真的工作态度和作风保证了译丛的质量。

自译丛第一辑出版以来,教师教育领域经历了持续且日益深化的改革,面临诸多挑战。在教育政策方面,《新时代基础教育强师计划》等一系列文件的出台对教师教育提出了新要求与新方向。在社会实际方面,ChatGPT等人工智能的发展对教师教育领域产生了冲击,发起了挑战,而"双减"政策的落地也需要教师教育在广度和深度上加以拓展。无疑,教育处于一个剧烈变革时代,教师教育是改革重点。

困难与挑战并存的时刻,也是创造性迸发的时刻,教师教育领域从来不缺乏理论和实践探索。国际上很多学者都在该领域做出卓越贡献,很有必要博采众长,多方借鉴。鉴于读者对丛书第一辑的积极反响,基于我们对社会和教育发展、市场需求以及国外相关研究成果的关注与追踪,出版社与丛书主编联系各位专家、学者进行了译丛第二辑的选题论证工作,确定以下五本图书:《更好的行为:给教师的指南》(*Better Behaviour: A Guide for Teachers*)、《信任的力量:成功学校的领导力》(第二版)(*Trust Matters: Leadership for Successful Schools*, Second Edition)、《写给早期教育实践者的学习理论》(第二版)(*Learning Theories for Early Years Practice*, Second

Edition)、《从备课到上课：精心设计与有效教学的力量》（第二版）（*Explicit Direct Instruction: The Power of the Well-crafted, Well-taught Lesson*, Second Edition）和《品格教育何以有效：学校改进的 PRIMED 原则》（*PRIMED for Character Education: Six Design Principles for School Improvement*）。

第二辑有以下特点：

第一，在第一辑的基础上，研究广度和深度有所提升。丛书第一辑以"第一年""第一本""应知应会"为关键词，注重基础性和普适性。第二辑则选择相对专业和专门的主题，具有一定的问题特定性或领域特定性。如《更好的行为：给教师的指南》是一本心理学著作，主要介绍教师如何在实践和管理中进行"行为理解"，把日常的主题纳入教师影响与管理、学生行为改善、师生互动、家校互动等，体现了教育生态化。《从备课到上课：精心设计与有效教学的力量》（第二版）基于大数据研究和思路为读者展示显性直接教学法（EDI）的运用和作用。《信任的力量：成功学校的领导力》（第二版）介绍了基于对信任和教师自我效能感的研究以及非暴力沟通等理念开发的一套教练模式。《品格教育何以有效：学校改进的 PRIMED 原则》则是对北美品格教育学校实践的集大成介绍。另外，丛书第一辑主要面向未来从事中小学教育工作的师范院校学生、中小学在职教师和相关人员，第二辑中的《写给早期教育实践者的学习理论》（第二版），将读者群扩大至学前教育专业学生、学前教育在职教师和相关实践者。

第二，坚持实践导向。教师教育离不开实践，从某种意义上讲，它是基于实践的。第一辑译著的特色，也是我们的选书原则——基于专业理论、注重专业理论知识的通识性表达、直面教育实践、操作性强、聚焦现实问题——在第二辑继续贯彻。即便是理论性较强的著作,如《写给早期教育实践者的学习理论》(第二版),它对每一种学习理论的阐述也都包含其在实践中的具体体现、实践活动与讨论主题,并设置案例研究,以深化对理论的把握。《品格教育何以有效:学校改进的 PRIMED 原则》从学校具体实践的角度来谈如何切实落实持续三十多年的品格教育研究之大成。因此,从某种程度上说,虽然第二辑所选著作多为最新研究成果,并不是基础理论著作,但作者们都能够将理论以实践化方式呈现,使得这些著作兼具理论前沿性、创新性和应用性。这样的成果对当下我国教师教育更具启发与借鉴意义。当然,我们也需要注意文化差异和制度差异。

本辑译者主要来自南京师范大学、广东外语外贸大学等高校,他们中有教师教育硕士点负责人,有各地教育研究的中青年专家。译者均具有深厚的英语阅读和翻译功底,态度认真负责,致力于将理论研究应用于中小学实践。他们怀着对教师教育的热爱和热情,对教师教育学科发展的祝福与希冀参与翻译工作。在此致谢且感念!丛书的出版得到诸多领导、专家与学者的帮助,南京师范大学教师教育学院冯建军院长、李学农教授、杨跃教授等领导和专家对丛书的翻译与出版给予了指导和帮助。上海教育出版社谢冬华编审和廖承琳编辑为丛书的策划和出版提供了宝贵建议,付出了艰辛努力,在此一并致谢!

鉴于我们的水平所限,翻译过程中难免存在失误,敬请读者不吝批评指正。

刘春琼

2024 年 6 月于随园

致 谢

Acknowledgments

感谢我的妻子艾玛(Emma),她容忍了一个一直在写作而没有时间陪她的丈夫。感谢女儿汉娜(Hannah),她让我的心态保持平衡,她对我说:"您并不是我们班第一个写书的爸爸。奥莉维娅(Olivia)的爸爸很多年前就写过一本书,他送给了弗雷斯特(Forrester)太太一本。"

感谢艾丹(Aidan)和我一起在树林里跑步锻炼的同时,帮助我把所有想法凝聚到一起。

感谢米尔塞德学校(Millside School)的苏·厄温(Sue Urwin)、斯图尔特·泰特(Stewart Tait)、科拉·奥德尼伊(Kola Odeniyi)、安迪·达格利什(Andy Dalgleish)、布伦特·伍德利(Brent Woodley)、加里·鲍尔(Garry Bowler)、艾尔西·尼亚马普芬(Elsie Nyamapfene)和卡罗尔·古德里奇(Carol Goodridge),霍利波特庄园学校(Holyport Mano School)的内森·阿斯皮纳尔(Nathan Aspinall)、帕特·普林格尔(Pat Pringle)、凯瑟琳·布朗(Kathleen Brown)、凯蒂·阿克斯福德(Katie Axford)、索尼娅·凯(Sonia Kay)、瓦尔·巴洛(Val Barlow)和安妮特·梅尔(Annette Meier)。他们教会我很多

东西,向我展示即使在最具挑战的环境中,一个团队也能团结一致。

感谢汤姆·沃登(Tom Vodden),他的行为训练是我教师培训中最好的部分,他促使我始终对行为进行深入思考。

感谢乔恩·西弗斯(Jon Severs)给了我第一次撰写有关行为内容的机会,并教会我紧紧围绕行为主题进行思考和写作。

感谢达米安·米尔顿(Damian Milton)提供的有关自闭症和感官问题的建议和指导。

感谢马克·芬尼斯(Mark Finnis)提供的解决冲突的修复性做法观点。

感谢克莱尔·瑞安(Claire Ryan)提供的关于学生家长的看法。

感谢詹姆斯·克拉克(James Clark)、罗布·帕特森(Rob Patterson)和 SAGE 出版社的黛安娜·阿尔维斯(Diana Alves)邀请我撰写本书。他们的专业帮助让本书得以顺利出版。

目　录

Contents

引　言

关键是我们必须停止只是将人从河里救出来。我们得去河的上游看看，了解他们为什么会掉进河里。

——德斯蒙德·图图大主教（Archbishop Desmond Tutu）

对于学校里孩子们的行为，我的看法和以前不一样了

我已经做了 17 年教师。我的教学生涯始于沃金厄姆（Wokingham）的一所综合学校，我在那里教授科学课程。后来，我先后在多所学校工作，包括一所精英男子私立学校，一所专门为有社交、情绪和行为困难的孩子而设的学校，一所学生有重度、多重学习困难以及自闭症问题的大型特殊学校，一所为中等学习困难孩子设立的特殊学校。目前，我为一家特殊学校集团工作。我工作中接触过的孩子从 2 岁到 19 岁不等。他们当中有去过牛津或剑桥的，有经历过牢狱之灾的，也有后来因病早逝的。这种经历的广度和深度给了我看待孩子们的在校行为及其改善的极其宝贵的视角。

我的思想，更为重要的是我的行为、情感和态度，在那个时期发生了显著"进化"。如今的我和 2001 年刚成为教师时的我也截然不同了，就像人类和其祖先相比，虽然形态和外观相似，但在成熟度、技能和复杂性上截然不同。我特意用了"进化"这个词。我的一切和自身行为随着时间的推移都逐渐发生了改变——这是我置身于不同学校必须适应这些学校的直接结果，也是我犯过很多错误的结果。如果我进一步使用以上类比，那么这些都是进化的压力，它引发并且有时候迫使我反思和致力于改变我的做法。我犯了很多错误，但我从中学到了很多。

2001 年，在我成为新晋教师的第一周，准确地说，是 2001 年 9 月 11 日，位于纽约曼哈顿的世界贸易中心遭受恐怖袭击的日子，我和所有同事一起在沃金厄姆的教师专业发展中心接受当地官员和议员的欢迎。

"欢迎来到沃金厄姆，"一位议员微笑着说，"你们来到了一个好地方，我们这个区没有一个行为不良的孩子。"她自夸道。

"这真有意思，"我对旁边的同事佐伊（Zoe）说，"就在两小时前，一个十年级的孩子叫我滚蛋。"

我不认同她的说法。我身高约 183 厘米，嗓音洪亮。我刚到一所综合学校工作时曾天真地认为，我在教室里的"气场"（我们用这个难以捉摸的词来形容那些似乎毫不费力就表现出权威的教师，那些似乎只要不经意地扬起眉毛就能让整个教室安静下来的教师）足以让大多数孩子明白："我是这间教室里的老板。""气场"这个词让我想起了我们的教育研究生证书（PGCE，有大学学位者取得的英国教师资格证书）课程负责人。他告诉我们，20 世纪 70 年代，他在一所现代中等学校给一个名声不好的班级上历史课，第一节课令他终生难忘。当他走进教室时，他将手中的皮包扔向讲台，这样当皮包落到讲台上时，就会发出"砰"的一声巨响，向全班学生表示他的到来。但是他失手了，皮包直接从桌子旁边的玻璃窗飞出去，落到外面的地上。但是他没有停顿，而是在孩子们震惊的沉默中开始上课，让孩子们以为他是故意这么做的。

过去，我没有深入思考工作中遇到的大多数孩子的行为，我认为我工作的学校也没有深入思考过，因为无论我想让学生们做什么，他们通常都照做了。我似乎拥有和大多数被视为"不可教"的孩子相处良好的诀窍，但我从没想过为什么。在我看来，其余的孩子是在选择行为不良。我认为所有偏离我期望的行为不过是有预谋地选择成为顽皮孩子，而且我担心这种选择顽皮的现象会变得越来越普遍。我原以为解决方案也很简单，这种偏差行为就应该受到惩罚，直到犯错者认识到自己所犯的错误〔比尔·罗杰斯（Bill Rogers）认为使用"惩罚"这个词是荒谬的——我们不是在管理监狱〕。把所有行为困难的原因和所有改变的责任都归于孩子的思维方式，曾经是而且现在仍然是很诱人的。学校和教师只需制定学校的政策和规则，而孩子们必须适应。但我的这种观点错了。在我工作过的学校，虽然学校将沉默、顺从和控制作为高效教学的直接指标，但我们从未加以深入讨论。事实上，更进一步地说，那些恐吓孩子们的教师被认为是学校里最好的教师，还有个别教师以他们为荣。这就是我们对孩子行为的看法。在早期，我一直是"有样学样"照着做，但内心的不安越来越强烈。那些在我们设计的任何制度中的优秀孩子都表现得很好，而其他许多在这种制度中苦苦挣扎的孩子，只是在从无效惩罚到无效惩罚的永无止境的失败中循环，或者他们在一段时间后从学校消失了，从此不见了。这不是一个改善行为的制度，它只是把行为和孩子一起移到了别的地方。

坦率地说，我曾经得到的那种空洞、毫无益处的建议恐怕每天都在学校里上演，而且已经上演了好几代，但它们对提高我们的理解力和效率毫无帮助。这些策略往往是纸上谈兵，没有考虑课堂气氛和人际关系：

根据按男生/女生姓氏字母顺序排列的座位表安排座位。

孩子们渴望界限。

他们这么做只是为了引起别人的注意。

让他们自己设计一套班级规则，他们会遵守，因为这是属于他们自己的规则。

他们只是选择做顽皮的孩子。

我担心没有任何东西能支撑这些妙语趣话，让真正寻求支持和更深了解的教师无路可走。确切地说，我并不反对其中的一些说法。一张座位表很有可能是明智之举，但我建议在设置的时候考虑周全一些，不仅仅考虑性别和他们在登记册中的位置（详见第四章）。我推测，消除孩子们的自主能动性是上述安排的根本原因，如果有选择机会，孩子们很可能会选择和朋友坐在一起，因此混乱可能会随之而来。我乐于把选择坐在哪里的权利交给孩子们，并向他们展示在这种安排下他们能做得很好。但是，我总是明确地告诉他们，我保留给他们指定座位的权利，而且不会另行通知他们。我让他们换过位置吗？是的，但这种情况只是偶尔发生。孩子们需要界限吗？当然需要。但我不认为他们非常渴望。他们需要在您的课堂和陪伴中感到安全和可靠，而界限是提供这种安全感和可靠感的一个重要部分。您的课堂和陪伴提供的安全感和可靠感远远超过界限所能提供的。您的界限可能限制得太严或太宽松，或者更糟糕的是，漏洞百出，所有这些都会让学生感到不安。在我做校长的第一天，我在课间休息时去操场巡查，一个助教紧张地走过来问我："您如何看待在操场上奔跑？""呃……我会鼓励的。"我回答说。这似乎是一个玩笑式的问题，但事实并非如此，因为在这之前，学校有"禁止在操场上奔跑"的规定。

我已经记不清有多少次听到类似"他们这么做只是为了引起别人的注意"这样的话，看到教师们一直在思考"那我是要关注他们还是不要关注他们"，而似乎很少去弄清楚引起别人注意的目的。每当听到"他们这么做只是为了引起别人的注意"这句话时，我发现把这个问题换成"为什么这个孩子在寻求对这种情况的控制"很有帮助。本书中，我将设法以我希望的深度来呈现我教学生涯的头 10 年，这样你就不必琢磨员工办公室里那位头发花白的老教师说"无论你做什么，圣诞节前都不要对孩子们微笑"这句话是不是在开玩笑。我会帮助你省去很多麻烦。请对每个人微笑，多多微笑。

在整个渐进式的演变过程中，每隔一段时间，我的教学生涯中就会发生一些特殊事件，它们使我在思想、行动、感情和态度上发生了不可逆转的阶段性变化（如果你愿意，也可以把它看作一个断断续续的变化过程）。我们都有过这样的经历，有些是短暂的、偶然的，有些是创伤性的、深刻的。

像以下这样的时刻：

斯蒂芬穿过停车场，一拳打在我头上

在我完成为期一周的限制性身体干预指导教师课程后的某一天，斯蒂芬（Stephen）从停车场的一端冲过来，高声喊着要打我。那时我正从学校的停车场走进主教学楼，一手拿着笔记本电脑，一手拿着带合页的文件夹。斯蒂芬为了强调他要做的事情，已经向我发出了明确的带有咒骂的警告。虽然我受过训练，但我什么也没做。我一动不动站在那里，以为不会发生什么事。然而，斯蒂芬冲过来，一拳打在我头上。

迈克尔试图用脚手架钢管做撞锤,闯入我的科学实验室

迈克尔(Michael)是我们学校的新生,他来学校的第一天就将学校小客车驾驶室的侧窗玻璃撞碎了。作为一个积极乐观的人,我从他设法进入我的课堂这件事中得到极大的鼓舞。

索菲故意不停地用头撞游泳池边沿

为了看到血滴在水中形成的图案和漩涡,索菲(Sophie)不断地用头撞游泳池的边沿,尽管很疼,但她似乎很享受血液在嘴里散发出的金属味。索菲还会用头去撞水泥地面或者镜子。

理查德直视着我说:"您完全不理解我,对吗?"

理查德(Richard)从一所主流中学转入特殊学校。公平地讲,我花了比平时更多的时间,希望能想出一个让理查德在学校感到安全和成功的行动计划。他能看穿我,并当面直接说"您完全不理解我"。我仍然为此感谢他。

在他们准备分开之前,迪伦妈妈和养子迪伦一起上了 4 个月的课

在您的班级里,有待过 4 个月的家长吗?那是迪伦(Dylan)和他的妈妈感到安全并准备分离所需要的,所以我们要做的就是给予支持。

西尼对每次写作要求的回应都是:"我不会写,我已经尽力了。"

西尼(Seanie)避免向在场的每个人暴露我们在做的事情,他的写作技巧和阅读能力都不如他希望的那么好。虽然我现在知道这一点，但当时并没有想到。

你必须了解这些事情的另一面。成功地处理这些情况，了解发生这些情况的来龙去脉，让我内心充满自信，相信自己可以处理学校一天内面临的大部分情况，并能支持同事们渡过同样的难关。关键是我深入思考了如何创造条件，尽可能防止这些事情反复发生，或者将这些事情扼杀在摇篮里。

我们每个人都有这样一些难忘的经历，这些经历塑造了我们，改变了我们的行为，其中的教训和感受我们永远都不会忘记。我的妻子艾玛（Emma）喜欢讲述她刚担任五年级和六年级新教师时的教学时光。当一群男孩早上一进教室就兴奋地宣布："艾玛小姐！哈利（Harry）在衣帽间挥舞着假阳具！"艾玛在脑中快速闪过曾经接受过的教师培训内容，却找不到任何可以解决这种情况的方法。于是，她小心翼翼地走进衣帽间。

"你从哪儿弄来的这个，哈利？"

"艾玛小姐，我在上学的路上发现的。"

艾玛知道，尽快让这个东西从视线中消失是快速化解局面的最好办法。她取来一个垃圾桶，劝哈利将东西扔掉并洗手，然后布置一个任务让他忙碌起来。

"至少不是从他妈妈那里拿到的。"她说。

不过，有一个特别的情况改变了作为个人的我和作为在学生行为方面比其他人更重要的教师的我。我曾经努力与一个十年级的女孩建立关系，这开始影响到整个班级。在上完一节特别艰难的课后，我向一位在学校里被视为行为导师的上级领导寻求帮助和建议。我承认自己遇到了巨大的困难，这让我感到非常脆弱。令人难过的是，我得到的回应是："读这个。"他扔给我一本我很敬重的教育心理学家罗布·朗（Rob Long）的小册子。很明显，谈话就此结束。没有后续行动，没有投入，没有指导，没有倾听。也许他们承受着巨大的压力，或者他们觉得我在无病呻吟。但我离开那间办公室时，决定在没有上级支持的情况下，为自己的个人发展负起责任，多思考，多学习，多提升。因为我是一名校长，这也是我至今难以忘记的教训。

回想起来，那件事可能是我走上这条人生道路的真正开端，让我尽可能深入理解行为并移情，以改善行为。从作为一名设法改善自己科学实验室状况的班主任，到成为一名设法改善整个学校状况的校长，我一直坚持这样做。

在我担任校长的初期，我努力让同事们相信我的原则是有效的。成年人之间一致性的缺乏在我们曾经一起教育过的一些孩子的行为中表现出来。然而，仅用了 15 个月的时间，英格兰学校检查机构——教育标准局（Office for Standards in Education，Ofsted）——对孩子们行为的评价就从"需要改进"转为"优秀"（最高等级）。而且，这是在没有使用开除手段的情况下实现的——学校并不是通过摆脱一部分学生来改进行为，这样做只是改变了一个群体。当我们接受了我将在后面章节中详细讨论的思考、行动和说话的方式时，我们作为一个专业团体的信心也会随之增强，而这也将体现在学生行为上。信心的增强是我们可以利用以前处理过类似情况的知识为儿童和成人取得成功的结果。总之，我们相信我们能做到。

本书取名为《更好的行为：给教师的指南》（*Better Behaviour: A Guide for Teachers*），是因为任何一本就这个重要话题给教师提供建议的书,都一定会带来儿童行为的改善,也会改变教师的行为,而这也是本书的终极意义所在。如果达不到改善行为的目的,那本书也站不住脚。但是不要抱有幻想,行为发生显著变化是需要时间的,就像减肥和保持体重需要时间一样。书名也可以叫《对行为感受更好》(*Feeling Better about Behavoir*),因为它会改变您在这个最具争议话题上的情绪。不要低估改善孩子行为这一点。个体自身的情绪是极其强大的,若被严重低估,则会对自我决策和他人行为产生严重影响。我在泰晤士河谷警察局担任纠察时,警察让我懂得了这一点以及很多关于人类行为的知识。只有当您也像我一样,致力于改变您所做的事情、思考的方式和使用的语言时,本书才能实现这两个目标。正如保罗·迪克斯(Paul Dix)所说:"当成年人开始改变时,一切都在悄然改变。"他说的没错。

"教学是一门艺术还是科学?"这是我经常听到的一个问题。对我来说,这是一门技艺,理解和改善孩子的行为是其主要部分。它需要技能和知识,这些技能和知识要经过一段时间的磨炼、发展和塑造,通过不断的"实践—反思"循环才能真正实现。因此,经过近20年的实践和思考,我认识到以下几点是正确的:

- 有些孩子认为学校是危险的、不安全的地方,在那里失败是不可避免的、痛苦的,必须不惜一切代价避免。持久的行为改变需要时间。
- 学习应该是一种内在有回报的经历。
- 消极行为传达了一种未满足的需求。

- 行为困难被视为技能不足的表现，它阻碍了一个孩子获得成功。
- 有时我们选择了只是满足成年人需求的行动、约束和惩罚。我们这样做是为了说明我们处理了这种情况，但实际上，这种情况仍然存在。从好的方面来说，这些并没有带来改变；从坏的方面来说，它们是伤害。
- 在孩子身上投入时间绝不是浪费。

我将在接下来的章节中详细介绍上述内容。希望本书能挑战您的思维，拓展您的技能储备，提升您的自信，减少您在改善与您一起相处的孩子们行为方面的挫败感。这是崇高的目标，但我相信您会认同我的观点：对所有人来说，这都是值得的。

祝您好运！

第一章
为什么理解行为很重要

一旦我们开始选择和评判他人，而不是欣然接受其本来的样子，他们就会既隐藏美，也隐藏更多可见的弱点——我们这是在消减生命，而不是抚育它。

——让·范尼云（Jean Vanier）

本 章 要 点

- 如果您无法掌控课堂，其他人就会来掌控它。

- 理解行为意味着您能够更好地做到：

  ○ 管理课堂；

  ○ 在孩子们最需要您的时候提供支持；

  ○ 支持其他同事；

  ○ 为取得成功做计划；

  ○ 减轻您自己的压力；

  ○ 与家长建立牢固的关系。

- 像关注孩子的学业进步一样关注孩子的行为发展。考虑不同孩子身体、情感和认知发展的差异。

- 明确地教给孩子解决冲突的语言和行为，让他们懂得陈述、承诺和责任的差异。

- 谨慎思考在何地以及如何提供反馈。

- 永远不要利用羞耻心。
- 形成一种视错误为促进相互理解手段的文化。
- 理解回避学习是避免失败的有效方法。
- 争取独立。当您不在的时候，孩子们必须能够应对困难。

行为的重要性是显而易见的。如果您班上有一个或多个孩子的行为不符合您的要求，那么他们将无法按照您计划的方式参与到您的课堂以及像您希望的那样学习。此外，还存在影响其他学生学习的风险，这显然是不可接受的。听起来是不是很简单？在某种程度上，的确很简单。但对我来说，这是一个更加广泛和深入的问题。我担心有一部分专业人士并没有深入了解这一点，因此他们总是感到很沮丧。这就是为什么理解行为变得很重要。缺乏理解会让教师感到无能为力，对教师来说，没有什么比感觉事情超出自己的掌控更糟糕了。如果您无法掌控课堂，那谁可以呢？

了解行为背后的原因很重要，理由有很多：

- 这意味着您具备了应对各种情况和改善孩子们行为的知识和理解能力。

- 您会更有信心去应对那些您可能不熟悉的情况。这种自信将体现在前面提到的"气场"中。

- 知道可能的诱因和压力源，您更有可能提前为获得成功做计划。

- 在孩子们（包括周围的其他孩子）最需要您的时候，您要做更好的准备来支持他们。

- 您也可以在紧张时刻或以有计划、指导的方式为同事提供更好的支持。

- 当您保持较强的掌控感时，您面临的压力可能会变小。
- 当家长确信您并没有把他们的孩子当作调皮鬼而放弃，而是在寻求理解，以改善孩子的行为时，您与他们就建立了信任关系。

应对学校环境和情绪自我调节的要求

幼儿天生以自我为中心，当幼儿想立刻得到自己想要的东西时，父母努力教导幼儿与他人分享私人物品，学会等待和遵循许多社会规范。我们希望这些情绪自我调节的习惯在幼儿入学时就能牢固地养成，但现实生活表明，孩子们入学时的情绪发展水平不同，有的孩子的情绪成熟度比其他人低。

我们必须停止将孩子们描述为"为学校准备"，而应将学校描述为"为孩子们准备"

比耶斯塔（Biesta，2015[1]）描述其为教育医疗化："是孩子们在适应教育体系，而不是我们在思考这种不适应的原因何在，谁最需要治疗：儿童还是社会。"

学校的结构、规则和期望，以及更多孩子的在场，对年幼孩子提出了新要求，这超出他们过去已经习惯的范畴。因此，有些孩子发现很难适应从家庭、保育和/或托儿所环境到学校的过渡。同样，孩子从小学升入中学时也面临大致相同的挑战。学校的规则和期望也许基本相同，但是学校的规模、学生数量、孩子面对的教师数量和家庭作业量都大得多。应对所有这些变化，对 11 岁的孩子提出了很高的要求，这就是为什么学校要投入大量时间在各种过渡上。每年都有许多来自主流中学的孩子进入我们特殊学校，这并非巧合，因为社会和组织机构的要求使他们变得痛苦不堪。表面上看，他们在主流学校的学习因自身行为而中断，但通常是因为存在深层的学习和/或沟通困难，使他们没有得到足够的满足并感到成功（当然，如何定义学生在学校里的"成功"有待商榷）。

早期教育专业人员非常擅长确定儿童的情绪发展阶段，并随着时间的推移逐步培养起儿童的技能。的确是这样，几乎所有人都是如此。我的一个朋友，她自己是一个技术熟练的行为专家，她喜欢讲述她和丈夫曾被叫到女儿的托儿所的事情。那里的管理者告诉他们，因为他们女儿有咬其他孩子的行为，所以要制定一个行为计划。那时他们的女儿才 12 个月大。我希望这个蹒跚学步的小家伙能理解事态的严重性并解决这一问题。

因此，幼儿基础阶段概况（一年级前儿童的评估框架）的核心内容之一被称为"个人、社会性和情感发展"（包括三个方面：自信和自我意识，管理感情和行为，建立人际关系）就毫不奇怪了。

我认为，孩子的年龄越大，教师就越少思考他们情感发展的差异。事后看来，以这种形成性方式（我和本地区其他教师思考那些同龄孩子正在进行的学业的方式）思考孩子的行为，对我在综合学校任教的头几年有所帮助。当然，成为父母对我的帮助是毋庸置疑的。在此之前，我几乎没有和 11 岁以下孩子打过交道，完全不了解儿童发展（这是我在教育研究生证书教师培训中的一大空白）。看着孩子从无助的新生儿到会说话，会阅读，到理解实现这一目标必须完成的所有步骤，这填补了我的许多空白。它还帮助我认识到当其中一些步骤缺失时可能出现的问题。我永远不会忘记与迪伦相处的情景（引言中提到过）。他曾在婴儿期被虐待，并在经历了一段时间的寄养后被收养。

他不可能有意识地记住小时候发生的事情，但是这种虐待对他的影响，在 15 年后的每一天都表现在他的行为上。

寻找和理解孩子发展的差异是被特殊学校教师视为第二天性的一项技能。正如教师们描述的那样，他们已经习惯了孩子们"刺猬式的形象"。也就是说，孩子们在认知、情感、社会和身体发展方面处于不同的成熟阶段，他们在做很多事情时都会考虑到这一点。比如，我曾和正处于青春期的青少年相处，他们的认知水平可能相当于 10 岁的孩子，情感成熟度可能相当于 5 岁的孩子。如果不考虑这些差异，就会对孩子造成伤害。

反　思　点

贵校掌握的有关孩子们社会性和情感发展的信息质量如何？

想想正和您相处的孩子。我敢打赌，您可以详细地告诉我他们学业进展的来龙去脉。您的学校可能有电子表格、进度网格、跟踪表，所有内容都整齐地用不同颜色标注，以证明孩子们在学业上做得有多好。想一想您花费了多少时间将信息输入那台机器。现在思考一下学校对孩子们的社会性、情感和行为发展了解的深度。这些可能没有什么可比性。几乎所有已知信息都将分别由和孩子们协作的员工负责。许多科目被分成几部分，例如英语的读、写、说和听。然而，当我们想到行为时，它可能只是像"乖"或者"顽皮"这样直截了当的描述。Boxall Profile[2] 或 Fagus[3] 之类的工具确实可以帮助填补学校中您正在教的孩子的社会性和情感发展方面的知识空白。设定

合适的发展目标,然后监控他们是如何达成这些目标的。例如,法戈斯(Fagus)将社会性和情感发展划分为 13 个领域:

认知发展、语言发展、依恋、自我概念、动机和自我效能感、自尊、自我控制、对他人的认识和理解、社会化、道德发展、游戏和自我意识。这里有丰富的心理学基础,可让您超越对将孩子贴上优秀还是顽皮的标签(见第二章关于错误思维的内容)的看法。

虽然检查表或者特征分析工具本身并不能改善行为,但它可以缩短您花在行动计划上的时间,集中精力工作,并且它确实可以让您加深对集体性知识的理解,与同事(不要忘记还有家长)使用一种共同的语言来描述您所教孩子的情绪发展。同样至关重要的是,它将帮助您在整个过程中与孩子一起庆祝进步和成功。当孩子被标记为乖孩子或顽皮孩子时,要做到这一点就困难得多。一个孩子什么时候会从乖孩子名单移到顽皮孩子名单上?让我们把决定权留给圣诞老人吧。如果您认为没有教师或学校会做这样的事情,那么请想想针对孩子行为不当而广泛使用的在黑板上写名字通报或者交通信号灯系统(详见第六章)。

- 您现在会做哪些不同的事情?
- 您如何提高所掌握信息的质量?
- 您要如何处理?
- 您要与谁分享?

在学校度过的时光是一种强烈的社会经历,因此,你会看到,所有我们所教的孩子在学校里都能够应对学校对他们提出的重大社会要求。这是至关重要的。课程表显示该上英语课了,那就是英语课,无论孩子是否喜欢。或者说,如果课程表上是奥布莱恩(O'Brien)先生的课,那就是奥布莱恩先生的课,不管孩子是否喜欢。小学教师可以有更多的灵活性,可以延长开展得很好的、他们不愿意停止的活动和课程。同样,他们也可以缩短一节毫无活力的课程(我们都有过这样的经历)。作为中学科学教师,我没有这样的奢侈。铃声一响,学生们就下课,赶着上下一节课。很多时候,一些孩子会很喜欢和我多待 20 分钟,因为他们要么专注于黑洞、磁性之类的东西,要么觉得自己做得很好,要么想推迟上下一节课。同样,也有很多时候,我教的一些孩子等不及上完课,要么是因为课程本身太枯燥,要么是因为他们迫不及待想上下一节课。

无论怎样,孩子们都不得不控制离开教室时或失望或激动的情绪,怀着期待、恐惧或冷漠的心情赶往下一节课。

反 思 点

在上学期间,您如何为孩子们做好准备应对意料之中和意料之外的变化?

特殊学校教师花费大量时间在各种过渡上,不仅是从一节课过渡到另一节课,还包括一节课中各种活动之间的转换。例如,幼儿班课堂上从在地毯上讲故事到在小组桌上做书面作业,或者中学课堂上从科学实验到在电脑上分析数据。他们将其扩展到为孩子们应对各种变化做准备。例如，让孩子适应教师因病请假未来的情况，或者在一年中的某个时段适应既定惯例暂时更改的情况，如圣诞节假期或七月下旬等。您教授的孩子是否会从为课内外各种变化以及员工缺席等意外变化做准备中受益？有很多方法可以实现这一点，但如果做不到这一点，它将导致一些孩子用担忧或焦虑填补这一空缺。对我们所有人来说，这会让事情变得更加艰难。对某些孩子来说，一次交流足矣。他们只需知道即将发生的事情是不同的就足够了。对其他一些孩子来说，可能要采取在其桌上贴上"第一个—下一个—最后一个"的可视条。首先—英语［哈迪（Hardy）小姐］，其次—休息时间（操场），最后—体育［奥默罗德（Ormerod）］夫人。我一个同事在特殊学校担任一个班级的班主任，班上所有孩子都有自闭症。他们每天早上的常规任务包括在尼龙搭扣条上创建用不同颜色标注的课程表，表中内容包括课程名称、教师和地点。每天早上，诸如传达员工生病等变化都以这种方式通知，孩子们全天随身携带这些课程表，到达每个教室时，将每节课的信息都放在一个专门准备的盒子里。信息的详细程度显然取决于每个孩子的需要，但基本结构是相同的。

您现在会做什么不同的事情？

最近，你会毫不惊讶于一项研究，这项研究表明：自我调节与入学准备的相关性比与智商或入门级阅读或数学技能的相关性更强[4]，可以让孩子们有更高的学业成就[5]，而且教师可以对儿童的自我调节技能产生积极影响[6]。昆士兰科技大学（QUT）教育学院的琳达·J.格雷厄姆（Linda J. Graham）教授最近开展了一项研究，针对研究结果发表评论说："我们发现儿童的自我调节能力对教育效果有很大的影响，自我调节能力受很多因素影响，包括年龄和性别。不幸的是，这些因素导致一些孩子与教师发生冲突。一些教师很难理解为什么班上某些孩子难以控制自己的身体和情绪，而其他孩子看起来根本没有任何问题。"[7]

解决冲突和分歧

调节自己的情绪以应对学校要求的能力显然极为重要，这是一项有着诸多益处的技能。孩子们在学校里吵闹是可以预见的，但我们希望孩子们不再像蹒跚学步的幼儿那样，用其他孩子试图夺走的塑料玩具敲击抢玩具孩子的头，或者像上述案例一样，咬人以使他们放手。全世界的教师用宝贵的时间帮助孩子们解决彼此的冲突；如果孩子们可以自行解决冲突和分歧，或者更可取的是，能够在第一时间避免这种情况的发生，我们就可以很好地处理每个人冗长的待办事项清单了。

我认为那些管理好人际关系，以成熟的方式处理冲突和分歧的孩子，长大后也会如此。我在泰晤士河谷警察局工作时，看到了丑陋的另外一面。作为一名纠察，我花费了大量时间处理成年人之间的冲突和分歧，包括家庭暴力，这些冲突和分歧有时候因酒精或毒品的助长，升级为针对他人（或自己）或财产的暴力。国家的经济成本以及施暴者、受害者和双方当事人家庭的经济、情感和其他方面的成本都是巨大的。尽可能早地做好工作是最好的预防措施。第七章将介绍更多关于修复性做法的内容。

明确地教授解决问题的语言,让孩子们看到解决问题的实际效果,对孩子们是有好处的。修复性做法教练马克·芬尼斯(Mark Finnis)认为,空洞的陈述和手势、承诺和责任之间存在巨大差异。

像"我真的很抱歉打了你"这样的话确实是发自内心和真诚的,但它们并没有承诺今后将做出什么样的行为改变。"对不起"这句话我们在学校里听过无数次,但它可能只是随口说出的,是廉价的。对许多孩子(诚实地说,还有成人)来说,它是对在人们看来标志他们已经道歉了的情况的一种习得性反应,而且这就是使情况好转所需的一切;从思想上说,他们不再考虑那件事情或陷入其中的人而继续做其他事情。这是一种习得性反应,因为成人让孩子们以为这是解决问题的方式。"说'对不起'",在孩子眼里,就是事情到此为止。如果教师对孩子表现出的悔意不满意,很可能会接着说:"大胆说出你的想法。"这可能使事态更加恶化,正如比尔·罗杰斯所说:"为了'赢',想与学生对峙,甚至让他们难堪,这很诱人,但要赢得什么呢?"[8]"这种事情不会再发生"这样的承诺包含保证将来的行为会有所不同。你可以看到,如果问题再次出现,在随后的时间里孩子们会如何对这些承诺负责。像"我怎样做才能修复我们的友谊?"之类的问题才是真正的力量所在。想象一下,当孩子们以这种方式讲话时,您会支持哪种讨论(毫无疑问,为使它们变得有意义,的确需要支持这类讨论,尤其是和青少年)。第七章有更详细的介绍,包括帮助您入门的脚本。

我曾与两个十几岁的少年沟通过这种情况,他们两个在一场足球比赛中场休息时打了起来。其中一个男孩急切地想要结束这次会面,一直重复着"对不起,对不起,我真的很抱歉"。有趣的是,他是对我说,而不是对另一个男孩说。当我问他为什么说"对不起"以及对不起什么时,他显得很挣扎。为了使讨论有意义,我需要对讨论进行监控,要做到双方都能谈及他们未来对彼此的责任,需要时间,但是为此花费时间是非常值得的。有趣的是,在我完成这份工作的一周后,我被要求与另外两个 13 岁且学习有困难的男孩谈话,内容是关于他们在另一场足球比赛中摔倒的事情。当我去到操场,走近他们时,我说要让他们一起谈谈。我还没说完,费萨尔(Faisal)就对我说:"先生,别担心。我们已经解决问题了。""你对此感到满意吗,埃迪(Eddie)?"我问另一个孩子。"是的,都解决了。"他回答后,两个人就离开了。最理想的情况是他们一开始就不会闹翻,而他们自己解决分歧节约了我的时间,这也意味着,如果将来他们再发生分歧或冲突,很有可能再次这样做。我希望能从根本上减少再次发生这种事情的可能性。

减少欺凌

可以这样说,在情感上有安全感,善于与他人相处,善于解决分歧的孩子,是不太可能欺负他人或被他人欺负的。每所学校都会存在欺凌现象,迅速解决问题始终是教师和学校领导的首要任务。无论如何,欺凌行为都可能会持续存在,这对所有相关人员来说都是一个问题。当学生家长理所当然地要求他们的孩子在您的照顾下免受伤害时,如果家长觉得教师或学校的策略是无效的,他们会失去信心。修复性做法是减少欺凌行为的最有效途径之一,理想的情况是欺凌不会再次发生。同前面的"解决冲突和分歧"一样,我将在第七章中详细介绍如何用修复性做法减少欺凌。

我刚当校长时,家长的这种信心受到严峻的考验。一对父母,我们学校两位最强有力的拥护者,因为当时我正在努力设法解决他们儿子面对的欺凌问题,他们在几个星期内多次与我见面。我解释如何使用修复性做法来解决这个问题,但这位母亲直言不讳地指出:"您说的一切听起来不错。问题是我不相信您。我不相信这真的会起作用。"我只能无力地回应,他们可以根据事情的进展再来判断我的方法是否有效。欺凌停止了。不可否认,它花的时间比我预期的更久一些,但是欺凌停止了。这位父亲后来告诉我,他们"差一点儿"(想想您可以用手指示意的最小间隙,把它减半,再减半)就让儿子离开我们学校了。

作为一名校长,我本可以将定期停学(让行为人停学一天或一天以上)作为一种惩罚方式,而且我非常了解受害者的父母,这种方式会立刻得到他们的同意。但是,我知道情况仍然没有得到解决,欺凌者的态度没有改变。是的,欺凌者可能会在短时间内离开学校,从而确保受害者在这段时间内不再遭受欺凌,但它并没有采取任何改善行为的措施。仅仅通过让一个孩子离开学校一段时间来改变孩子的行为,这一想法背后的思考是肤浅的。这种做法有时被称为"短暂而尖锐的冲击",其逻辑是,孩子会因想到被阻止上学而沮丧或受挫,孩子会因感到异常震惊而改善自己的行为。这个逻辑(仅仅是一个孩子态度的问题)是站不住脚的。最近当我们讨论开除问题时,学校以前的一名 17 岁学生(也是因为其行为离开了中学)帕特里克(Patrick)非常干脆地说道:"简单。开除意味着睡懒觉和打游戏。"通常,随之而来的观点是,开除是一种威慑,为他人树立典型。我确信这是一厢情愿的想法。

修复性做法对一些教师来说可能很难接受,因为它似乎是宽容或软弱的。我沉迷于改善行为。我不喜欢用傲慢的手势来显示我作为教师或学校领导有多强硬。如果孩子重返校园后再次发生欺凌问题，那就等于我过去没有做任何事情来支持孩子、员工或家长。这意味着走向了永久性开除的道路，受害者不再被学校里那个孩子欺负。但是那个去了别处的孩子在行为上没有任何改变，带着对学校更深的消极情绪和拒斥，有可能对另一个孩子重复同样的行为。我将在第六章详细介绍有关约束、惩罚及其后果的内容。

应对反馈和批评

您听到过别人对你工作的批评吗？是不是感觉很不好？很显然，信息如何被传递很重要，即使是用最温和的表达方式，但归根结底还是其他人认为您的工作和您不够好。如果您接受这种观点，就会将其从工作推及整个人（很难不这样做，我当然也有这样的倾向）。不相信？那下次您和同伴一起在车里的时候，可以试试告诉他您对他开车的真实想法。别说我没有警告您。

> 您的思维很平庸，您根本没有领导能力。
>
> （2004 年我申请"迅速成功之路"学校领导力项目时得到的反馈）

如果您把所有精力都投入到工作中，您内心的沉重感会被放大，就像我当时面对评论时的感受一样（我至今还能感受到）。如果传递信息的人对我们非常重要，这种感受会更加强烈。因此而表现出来的各种情绪需要加以管理。成年人在工作的时候可能有很强的灵活性,我们可以通过利用空闲时间绕街区走一圈,或打电话给伴侣,或征求同事的意见来应对这种情况。另外,如果我们的上司人性化一点,讨论会在私下进行。在员工会议上当着30个同事的面来传达我们前一晚一直担心的课堂观察反馈是不太可能的。也许在和我们相处的孩子眼中,他们可能只能忍气吞声地坐在那里。显然,对大多数孩子来说,接受反馈是他们已经习惯并接受的学校生活的一部分。他们一直以书面标记和口头反馈的形式应对建议,并且将它们看作是积极的。他们与教师的关系是稳固的,因此他们接受这种出于好意而不是用来公开羞辱他们的建议。他们利用这些反馈提高学习成绩,但是这并不普遍。

每当回忆起我在六年级时罗杰斯(Rogers)老师是如何公开嘲笑我试图认出十分之一、百分之一和千分之一的情景,我仍然感到很难过。

"哪一个数字在十分之一栏中?"

"三?"(我试探性地说)

"错!再试一次。"

"八?"(我弱弱地说)

"错了!再试一次。"

之后我只能靠猜测了。我是一个很容易脸红的人,所以那时我的脸一定是红得发紫。

"九?"(我低声说)

"你一点头绪都没有!你可以假设伊莱恩(Elaine)坐在你旁边。"

我当时不知道那是什么意思，甚至现在也不知道。更糟糕的是，我对伊莱恩有好感，我确信这种公开的贬低毁了我和她在一起的机会。虽然这事发生在 31 年前，但是那一刻的影响至今还在。

我儿子那个亲切友好的学校在"家长之夜"铺开了所有孩子的练习本，以便家长在等待教师时能够翻阅。很明显，学校有一项规定，要求孩子们以书面形式回应教师的批改政策。我在儿子的本子上（有趣的是，不是在女儿的本子上）看到他对教师评语有两种老一套的回应。如果教师的评语是赞美的（或者如他所说，是肯定的），他总是会写"谢谢"。很有礼貌，但实际上，这完全是浪费时间，这样做大概是为了证明自己已看了教师评语。如果教师评语是形成性的（或者如他所说，是否定的），他总是会写："对不起。下次我会加倍努力。"读了几遍后，我感到非常难过。我的女儿没有做这样的事情，我将这种差别归结于，作为学习者来说，女儿的信心要比儿子的强得多，这一点从儿子的回应中可以看出。他作为学习者的信心很脆弱，不需要太多，就能让他相信他正在做的任务太难，很值得放弃。在本书中，我将多次提到，学习应该是一种内在的有益体验。

如果没有那种知道自己正在进步的满足感，那么我们可能会将批评或反馈看作放弃或回避学习的理由。

善意的反馈可能会被视为严厉的批评

虽然大体上教师是在适当考虑孩子的尊严和建立安全、信任关系的情况下谨慎地传达反馈，但有些可以避免的做法似乎仍然存在，这些做法增加了人际关系和课堂中不必要的"温度"。最困扰我的两个问题是：

- 在全班同学面前宣读成绩和考试分数。
- 公开展示根据成绩对学生进行的排名。

这些做法不会带来任何好处。很惭愧地说，我为自己刚开始教书时曾在任教的十年级和十一年级公布考试成绩感到内疚。这么做很大程度上是权宜之计，无疑没有考虑到孩子的尊严。有些孩子一定是不安地坐在那儿，非常害怕听到自己的名字以及标记他们成功或失败的分数。有些孩子勉强坐在那儿并接受了，但有些人会因此恨我，还有些人则热切地等待公开承认他们的实力。我注意到英格兰的中学越来越流行在学校网站展示成绩表，根据成绩和考试分数对孩子们进行排名，那些获得可恨的 A+ 和 A 等级的孩子名字排在表格的最上面，而那些得到 G 或 F 等级的孩子名字排在最底部。这种以牺牲一些孩子为代价、不顾其需要和困难而赞美另一些孩子成就的狭隘逻辑令人担忧。那些有学习困难的孩子日复一日地努力学习并取得较大进步，但仍被标记为失败者。我们认为这是在激励那些排名落后的孩子提高其成绩，使他们达到顶峰，这种错误的逻辑是极其令人讨厌的（更多关于动机的内容见第五章），这一逻辑背后的假设是，孩子们成就低仅仅是因为缺乏努力。我质疑任何采用此策略的教师或领导，并请他们对自己的员工也采取同样的策略，如在员工休息室或者接待区，根据员工工作成绩表现给他们排名，在一个色彩鲜艳的大屏幕上展示排名情况，并设定保留的时长，让家长和访客都能看到。这就像您在安全地带批评同伴的开车技术一样。

管理失望和犯错，应对失败

您曾经因为自己确信校长已经决定让数学系的索菲（Sophie）老师担任那份工作而回避过申请学校的升职？或者可能您认识的其他人也有过这样的经历？这种情况不局限于教师。我们依赖自我实现的预言保护自己。为了保护自己免受被拒绝的痛苦，我们不会选择自告奋勇。我们认为自己从来没有机会，以此欺骗自己，认为即使一开始就去申请也是在浪费时间。如果我们对自己诚实，那么我们就会承认：总体上，对自我来说，避免失败比追求成功更安全些。我看到成年人（包括我自己）很多次选择这么做，并向自己证明这样做没问题。但是，当孩子们这样做或者受到惩罚时，学校里却没有人意识到这一点。我将在第二章更详细地介绍心理学上如何帮助您理解避免失败的内容，如果我们认识到事实真相并做出相应回应，那么我们的关系就会更加牢固。

已故的唐纳德·温尼科特（Donald Winnicott）是一位研究精神分析的儿科医生，他在发展"涵容的环境"（holding environments）的概念方面做出了极具影响力的工作。也就是说，关怀和支持的环境会产生牢固的信任感和安全感，建议父母应该承担这样的职责：缓慢而坚定地让孩子接受失望，知道什么时候该说"不"，让孩子们清楚父母不是他们的朋友等。用"教师"代替上面的"父母"，这一观点仍然成立。我们这项工作既不是为了放纵孩子们，满足他们的每一次异想天开，也不是像向全班宣读考试成绩时那样完全忽略他们的感受。

我当校长时最喜欢的事情之一，就是观察那些卓越的同事在教室中创造的文化。在这些文化中,错误是消除误解、创建和加深了解的机会。犯错误、抗争和失败是经常发生的事情,但是学生们知道自己会得到坚定的支持和鼓励。我们正与学习困难的学生携手并肩——十年间有些孩子努力地数到 10、20 或 100,或者练习首字母发音,因此他们熟知抗争和失败的感觉。如果孩子们将错误视为风险去避免(来到我们学校的许多孩子都有这种感觉),那么随后的回避学习就不足为奇了。我对学校的来访者进行了总结:我们的学生需要知道**我们想要了解他们,而不是想抓住他们的错误**。

最好的教师会积极利用孩子们犯的错误和对某个话题的误解,再加上巧妙的提问,来加深孩子们的知识和理解。您可以问孩子们地球是否绕着太阳公转,或者太阳是否绕着地球公转,如果他们弄错了,就让他们继续猜,直到猜对为止;或者,您可以通过巧妙的提问了解他最初为什么会有不同的想法,并把他们引向真实的情况,加深他们对物理学的理解。当问孩子们雪人穿上外套后融化的速度是更快还是更慢时,您可以通过与孩子们讨论达到需要认真思考的深度(想一想,其中有很多物理学知识)。当然,您也可以直接让他们猜,如果猜错了,就告诉他们正确答案。"快一点,呃……我是说慢一点!"他们会寻找您面部表情的细微提示,以此判断他们是否猜对了。在这样的课堂上,孩子们可以安全地发表自己的见解,因为他们知道,无论他们的答案多么离谱,都会受到欢迎,都对课程做出了积极贡献。但是他们也知道,答案很可能会导致进一步的提问,以便找出答案背后的理由。猜测是无益的,他们需要选定一个可以用来捍卫猜测的立场。孩子们可以坚持认为地球是平的(鉴于他们面前的证据,这对他们来说是一个完全合理的结论),但当证据表明他们最初的想法实际上是错误的而不得不改变想法时,他们可以通过清晰而精确的方式捍卫立场,从而提高自己的沟通技能和推理技能。不然,仅仅告诉他们答案,就是错失了一次机会。在这里,让孩子们努力思考是一个不言而喻的目标——这是希望孩子们努力思考的课堂的一个典型特征。在我还是一名实习教师时,我被推荐阅读罗莎琳德·德赖弗(Rosalind Driver,1994)[9]等人所著的关于儿童科学观研究的优秀书籍。我的教案和工作计划中总会包含一个我们所涉及主题的常见误解,这是非常宝贵的。我会特意在课上提供机会来讨论这些内容,比如因为月球上没有大气层所以月球上没有重力这种常见的误解。诸如此类的问题也提高了我自己的沟通技巧,我会想方设法向孩子们解释为什么地球是一个球体,或为什么是地球围绕太阳公转,不是太阳围绕地球公转,而不会只是告诉他们在某本书上读到或看到一张这方面的图片!

反 思 点

想一想如何解释教育教学中的回避

您是否碰到过这样的孩子:他们在还未开始做某事之前,甚至在尚未看到要做什么之前,就断然拒绝去做。您是否碰到过这样的孩子:他们一开始就拒绝进入教室上课。这种回避的核心可能是什么?写作?阅读?演讲?还是身体意象问题(如果是体育课)?

回顾一下引言里提到的西尼。以不会写作为借口回避写作,总比把写的东西展示给所有可能看到他写得不尽如人意的人要好。任何结果都是可取的,因为那必然会减少写作,或者导致放弃写作。所以，只要回避写作，任务就完成了。

- 您将来如何应对学习回避问题？有什么办法能防止这种情况发生？

支持成功的成年人生活

我曾在不同类型的学校和孩子们相处，这些学校的孩子有着不同层面的需求，有些是认知上的，有些是医学上的，有些是行为上的。毫无疑问，其中一些孩子将继续独立生活和工作。但那些需要更多支持的孩子需要付出巨大的努力才能在生活和工作中完全独立，并且有些人从未达到这个目标。这种独立的一部分是我们能够尽快调节自己的情绪和行为的能力。当我们从一个躺在玩具店地板上哭喊着要买心仪玩具的幼儿身边经过时，父母迫于压力会尽其所能应对这种局面和孩子的期望，并避免通过买玩具向孩子屈服来解决问题，社会会给予理解。但当躺在地板上哭闹的人是一个高 1.8 米、重 190 斤的成年人时，社会就不会那么宽容了。我担任校长时，经常用一个难忘但创伤较小的例子向来校参观的家长解释这个问题。我们学校有一个名叫路易丝（Louise）的学生，她有模仿演员艾伦·休格（Alan Sugar）的习惯好几年了。

"您被炒鱿鱼了。"她会打趣地向身边任何人说。这是电视真人秀节目《学徒》（The Apprentice）中著名的一幕。

这句话非常有趣，让人忍俊不禁，然而它变得如此常见，以至于我们不得不努力确保路易丝不会做出不恰当的行为，确保我们做出的反应不会鼓励她的行为。我们在这方面做得非常成功，对自己感到十分满意。不久之后，我们高兴地获悉路易丝受邀参加英国首相戴维·卡梅伦（David Cameron）和妻子萨曼莎·卡梅伦（Samantha Cameron）在唐宁街 10 号举办的一年一度的儿童圣诞节晚会。路易丝很荣幸见到了当时的首相。猜猜接下来发生了什么？她做的第一件事就是告诉首相他被解雇了。表面上看，这很有趣，我相信戴维·卡梅伦是个开朗大度的人。然而，它助长了社会对一些年轻人的低期望，尤其是那些即使已成年社会也可以将其幼稚化的学习困难者。路易丝得了唐氏综合征，以我的经验来看，对有此综合征或其他综合征或有学习困难的人来说，社会使他们变得幼稚。社会对他们的期望更低，要么通过鼓励要么通过无视的方式允许他们做出一些行为，这些行为对于那些没有特殊教育需要的同龄人是不被接受的。公平地说，我敢肯定，这在一定程度上是因为很多人实际上并不知道一个人的困难程度，因此也不知道什么是可以接受的。在社交场合对首相说这句话是一回事，但把这句话作为对每个人的开场白又是另一回事——这是刚起步者就业的重大障碍。

归根结底就是一点：当他们最终走出学校而我们又不在身边支持他们时，他们必须能够应对。

减轻教师压力

最后一点同样重要。更好地理解行为将减轻我们感受到的压力（更重要的是，也包括儿童的压力），这是好事。英国大型教学联盟（NASUWT）每年都会进行一项名为"大问题"的调查。12 000多名教师完成了 2016 年的调查[10]。与 2015 年的调查相比，人们对行为的担忧有所增加。"超过四分之三(77%)的教师认为当今学校普遍存在行为问题,比 2015 年增加了 4%。超过五分之二(44%)的教师认为自己学校存在行为问题,比 2015 年增加了 2%。"调查还指出,"超过一半的教师(51%)表示,他们没有得到适当的培训、信息和建议去应对学生的不良行为问题"。也许这就是您阅读本书的原因之一。

了解行为至关重要。对孩子们来说,这很重要,对教师来说同样重要。提高理解能力需要我们投入时间和精力,但我可以向您保证,这是值得的。我们是成年人,需要担负起帮助孩子们了解自身行为的责任,使他们经过一段时间的学习后,学会在没有帮助的情况下也能应对各种情况,从而实现他们成为成功的成年人所需要的独立。

进一步讨论——问题和活动

- 我们希望新生做好上学准备吗?还是当他们毫无准备地踏入校园时,我们依然无条件地欢迎他们?

- 我们是否像关注孩子们学业进步的任何细节一样,关注他们的行为发展?

  ○ 考虑可以用以评估孩子们的社会性和情感发展的方式。

  ○ 用共同的(和对待学业发展一样的)语言来讨论儿童的行为发展。

- 我们如何支持孩子们就其日常作息有计划或临时通知的变化做好准备?除了告知他们外,是否需要更多的周密安排(也许是以视觉支持)?

  ○ 对可能无法适应变化的孩子来说,考虑根据日常作息创建一个安排周密的时间表。

- 我们教授孩子如何解决彼此间的冲突吗？我们明确地教授他们解决冲突的语言和行为吗？我们讲授陈述、承诺和责任之间的区别吗？
  - 考虑将一名员工培训成使用修复性做法的范例。
- 我们的某些反馈策略是否不经意间在公众场合羞辱了孩子？我们是否可以在考虑孩子们的尊严的同时改善我们的关系，由此改进反馈策略？
- 我们都希望我们的课堂能像温尼科特描述的那样，成为"涵容的环境"。关怀和支持的环境能够为教室里的每个人带来牢固的信任感和安全感。还有尚未获得安全感的孩子吗？我们能够找出缺失所在吗？我们要如何帮助他们获得安全感？
- 我们看得出那些想要逃离某些活动或课程的行为背后是避免失败吗？如果是这样，如何降低失败的可能性？
- 我们是否支持过度，长此以往，导致儿童对成年人的依赖？
- 我们是否因为某些孩子的状况或认知障碍而允许他们表现出不符合年龄的行为，例如拥抱？

注释

1　Biesta，G. J. J.（2015）. *Beautiful Rise of Education*. Abingdon：Routledge.

2　https://nurturegroups.org/introducing-nurture/boxall-profile（accessed on 11 December 2017）.

3　www.fagus.org.uk/(accessed on 11 December 2017).

4　Blair, C. and Raver, C. C. (2015). "School Readiness and Self-regulation: A Developmental Psychobiological Approach", *Annual Review of Psychology*, 66: 711 - 731.

5　Blair, C. and Razza, R. P. (2007). "Relating Effortful Control, Executive Function, and False Belief Understanding to Emerging Math and Literacy Ability in Kindergarten", *Child Development*, 78(2): 647 - 663.

6　Burchinal, M. R., Peisner-Feinberg, E. S., Bryant, D. M. and Clifford, R. M. (2000). "Children's Social and Cognitive Development and Child Care Quality: Testing for Differential Associations Related to Poverty, Gender, or Ethnicity", *Applied Developmental Science*, 4(3): 149 - 165.

7　https://drlindagraham.wordpress.com/2016/03/30/acknowledging-the-little-things/ (accessed on 14 December 2017).

8　Rogers, B. (2002). *Classroom Behaviour: A Practical Guide to Effective Teaching*, *Behaviour Management and Colleague Support*. London: Paul Chapman Publishing.

9　Driver, R., Squires, A., Rushworth, P. and Wood-Robinson, V. (1994). *Making Sense of Secondary Science: Research into Children's Ideas*. Abingdon: Routledge.

10　NASUWT. *The Big Question 2016*. www.nasuwt.org.uk/uploads/assets/uploaded/c316d25b-d8d7-4595-bbb0f9181d0427d1.pdf (accessed on 11 December 2017).

第二章
心理学如何帮助您理解行为

当成年人相信孩子,而孩子也相信成年人时,学校运行得最好。

——戴夫·惠特克(Dave Whitaker)

斯普林韦尔(Springwell)学习共同体首席执行官

本 章 要 点

- 您的教室需要接纳孩子们并且无条件关注他们。

- 理解孩子们正在竭尽所能试图应对生活中的各种情况。如果他们已经尽了最大努力,但仍然表现不佳,想想他们需要哪些技能才能做好。

- 清楚在任何行为问题中都有两个问题需要解决——您的问题和孩子的问题。您的问题比较容易发现并找到解决办法。

- 解决这些问题的办法必须是互惠互利的。

- 消极行为传达了一种未满足的需求和一种希望这些需求得到满足的期盼。

- 情感投资的特点是让孩子们感受到自己被成年人重视,被认为是重要的,并且在学校/班级/年级组/宿舍中有支持感或归属感。

- 那些被拒绝、孤立或忽视的孩子很容易觉得自己无关紧要。

- 避免导致情绪反应的消极想法,这些想法会影响你的行为(错误思维),例如:

  ○ 预测失败;

  ○ 忽视积极因素,关注消极因素;

  ○ 将孩子们置于无法取胜的境地;

  ○ 给孩子贴标签(即不可教的孩子);

  ○ 将自己界定为无能为力者。

- 意识到我们过分强调个人特征是某人行为发生的原因,对行为发生的情境却强调不足或忽略不管。

- 积极期待对表现有积极的影响。

- 消极期待对表现有消极的影响。

人类行为心理学值得拥有一个属于自己的图书馆。一本书中这样的一章内容不可能涵盖整个领域。然而,对几个关键概念的理解可能对您如何思考班级中孩子的行为,关键是您自己的行为产生很大的影响。其中一些概念是我在形成了某种思维方式后了解的。还有人评论说,这让他们想起某些人:"您知道卡尔·罗杰斯(Carl Rogers)的著作吗? 您应该读一些他的著作,因为您的方法与他的许多想法如出一辙。"

他们给了我信心——我不是唯一有如此想法的人,这帮助我首先把自己的想法设定在某种心理学的框架内,然后进一步扩展它们,并进行更深入的思考。当我面对一个严重问题不知道该怎么办时,我发现了其他人比如阿龙·贝克(Aaron Beck)关于错误思维的研究。在泰晤士河谷警察局担任纠察的那段时间，我对行为也有了更多了解。当我还是一名新警员时，我接受了很多行为和心理学方面的训练，这在很大程度上弥补了我作为实习教师和资格教师时接受行为培训上的不足。我想这种训练的必要性在很多方面都是显而易见的，因为警察常常要处理更加极端的行为，并与一些受到一种或多种事物影响的成人及孩子打交道。无论如何，我作为警官学到的技能使我在管理班级孩子的行为方面成为更好的教师。本章的目的是为您提供一些心理学原理和理论，这能帮助您理解学生的行为，以及您如何提供支持，同时思考自己的行为，为阐述第三章的主题做好准备。

无条件积极关注

无条件积极关注是人本主义心理学家卡尔·罗杰斯提出的概念。这个概念让我意识到，我对班级学生的态度是决定他们表现的主要因素，然而我严重低估了这点。

完全无条件地接受班上每个学生的身份和他们所做的事情，是所有行为改善工作的基础。否则，孩子们只有在您或学校决定的某些条件（孩子可能不知道的条件）下才能被接受，当孩子们的行为违反了这些条件时，这种积极的关注就会消失。

无条件积极关注意味着接受那个孩子正试图尽其所能应对生活中的各种情况。他们的行为不合适吗？也许。具有破坏性吗？可能。但至少要从孩子的现状出发，在此基础上设法寻求改善，而不是诉诸陈旧而无效的、不断滚动升级的惩罚，哀叹孩子不再尊重大人，哀叹他们也不再有你小时候那样的举止。

我把这个概念放在本章首位，因为它是所有后续工作的基础。如果没有无条件地接纳一切，你就不能指望在你面前的每个孩子都能理解正在发生的事情。

反 思 点

- 您是否以诸如"如果让我再看到你昨天的行为，你就会有麻烦"之类的话开始您的讲课？
- 您的班级或学校是否有接纳孩子的条件？
- 如果是这样，这些条件对不同的孩子是否不一样？

滞后技能和未满足的需求

美国临床心理学家罗斯·格林（Ross Greene）博士认为，如果孩子们有能力做好，他们会做得很好。格林的核心观点是如果有人做得不好，那是因为当时缺乏成功所必需的技能（他称之为"滞后技能"）。我很喜欢这种思维方式。在我看来，没有人会在同龄人和教师面前故意不成功、失败或难堪（后文将更详细地述及任何特定情况下你定义的做得好和孩子定义的做得好之间的潜在差异）。

如果您不同意"如果孩子们有能力做好，他们会做得很好"这个观点，那么您很可能是在假设：如果孩子们选择，他们就会做得很好。这在教学中很普遍，这就是为什么教师一次又一次地实施惩罚或奖励。因为对他们来说，表现良好变成了一个简单的选择题，而改变那个行为同样是一个激励和鼓舞孩子的简单问题（详见

第五章）。不幸的是，因为它是无效的，教师们不得不再三实施惩罚或奖励。

罗斯·格林认为技能缺乏是需要合作解决的问题，这与针对孩子们而不是与他们一起协作的传统的行为干预相反。不过，您必须警惕实际上可能有两个问题需要识别和解决，即孩子的问题和您自己的问题。您自己的问题，比如，当孩子拒绝进入教室，有一个明显完全取决于孩子的解决方法，你却说："照我说的做，问题就解决了。"辨认孩子的问题需要更多的工作，可能只有通过和孩子交谈才能发现问题。和年幼的孩子或有沟通困难的孩子交流可能更具挑战性，但我认为这更为重要。正如乔·鲍尔（Joe Bower，2012）所说："孩子一定会觉得，您很关注解决他们的问题，就像您关注解决自己的问题一样。"[1]

由此可见，我们一旦发现问题，就会以解决问题为目标。罗斯·格林的方法需要合作，共同解决孩子和您的问题。您会发现这并不简单，因为成年人或孩子会提出不可行的解决方案。孩子可能希望换一个老师，或者尽管孩子们无法阅读他们正在学习的课本，但是您可能希望孩子们服从您的指令。罗斯·格林写道："这种模式是非惩罚性的和非对抗性的，减少了冲突的可能性，增进了人际关系，加强了沟通，帮助孩子和成年人学习和展示人性中更积极一面的技能：移情，理解一个人的行为如何影响他人，采取非冲突的方式，站在他人的角度，诚实可信地解决分歧。"[2]我相信老派的传统主义者宁愿失去一条腿，也不愿意以这种方式工作和向孩子们让步。但是我担心在顽皮的孩子们看到自己错误之前，他们会一直陷在消极惩罚的循环中。关于学习这种方法的更多信息，请查阅罗斯·格林的《滞后技能和未解决的问题评估》(*Assessment of Lagging Skills and Unsolved Problems*）。[3]

根据格林的思想,我确定了自己看问题的方法。我认为消极行为是需求未得到满足的表现。当然,这是成人认为的消极行为。孩子可能会说这是必要的,甚至是值得拥有的。但是如果它对学习有破坏作用,那么它当然是有问题的。不管孩子的行为是什么,也不管它有多危险,我们应该了解事情的原因——试图满足他们的需求。这并不意味着我们纵容这种行为,也不表示这种行为是恰当的,甚至是有效的。例如,如果我的孩子们有危险,我会尽一切努力确保他们的安全。在这个时候,法律和被社会公认为恰当的任何事物对我来说,都不再重要。在这种情况下,我会尽一切努力满足我想要确保孩子们安全的需求,这些需求凌驾于对任何潜在后果的考虑之上。

因此,我认识到,所有行为都是正确的。就孩子有意识或无意识地选择了某种方式来应对他们所处状况而言,这是正确的。虽然叫老师滚蛋是不合适的,也不太可能有效(除非"有效"被定义为离开课堂,在这种情况下,它可能非常有效,但仍然不合适),但孩子选择这样的行动是有原因的。这里正好引入罗斯·格林滞后技能的概念。这里很可能有许多更加有效的行为方式供孩子选择,因此思考一下为什么孩子选择那个行为方式,是否如格林描述的那样,是由于技能缺乏造成的。

我举一个自己日常生活中的例子。我发自内心地讨厌在公共场合唱歌、跳舞。我不擅长这两项中的任何一项,它们让我很不自在,唱歌或跳舞时,我有一种非常强烈的感受,觉得每个人都在看着我,嘲笑我的笨拙。我完全同意我是一个唱歌和跳舞水平都很差的人,这些都是我的滞后技能。我觉得这两项技能对我没有意义,所以我也没有动力去提高它们。我很幸运可以避免去做这两项中的任何一项,而且,人们尤其是那些非常了解我的人,一般也不会试图让我去做。然而,如果我被逼到了某种境地,那么事情肯定会变得更糟。您可以为学员们策划一个唱歌或跳舞的培训课程(我曾经参加过一个在职教师教育培训班,很明显,对我来说,随着时间的推移,它开始变得令人恶心)。记住,如果孩子们有能力做好,他们会做得很好。但在我的身上,做得好意味着尽我所能避免做您想让我做的事情。这里我的明确需求就是避免让自己难堪,如果这种需求得不到满足,那么我的行为将向你传达这一点。我会尽力避免粗鲁无礼,但如果您强迫我做,我会编造一个理由逃走,比如打电话。我可能会采取粗鲁的手段——直接拒绝参加。您也许会竭力威胁我,但对我而言,约束或后果可能更可取,因为它们不涉及唱歌或跳舞。任务完成了。您可以想给我什么奖励就给我什么奖励,但任何诱惑都不可能减轻我的尴尬。如果诱惑足够强大,我可能完成最起码的任务,但我不可能全身心投入。我最初的问题仍然没有解决,下次问题会再次出现。

这是我的问题所在。您的问题是认为我不愿意唱歌和跳舞。但实际上,我的问题不是讨厌唱歌或跳舞,而是讨厌在公共场合唱歌、跳舞带来的尴尬和不自在的感觉(不要被诱惑认为表面问题是问题,可能不是)。与我一起缓解这种情况,请允许我私下做这些事情。给我一条既可以维护我的尊严又能让我成功,感到自己进步的出路,我可以按照您的任何要求做。这样,我们下次培训时也会更顺利。

对我来说,我的问题是在公共场合唱歌和跳舞。对我们教授的一些孩子来说,他们的问题可能是阅读、书写、在课堂上回答问题、感官问题、友谊和社交问题或一系列其他焦虑。识别潜在的滞后技能将带您踏上一条和他们一起解决他们和您自己的问题的道路。

反 思 点

下一次您在解决行为问题时：

- 问问自己，为什么这个孩子在目前这种情况下表现不好。
- 询问在这种情况下哪些需求没有得到满足。
- 使用格林的"滞后技能和未解决的问题评估"方法识别滞后技能。
- 明确您要解决的问题。
- 明确他们要解决的问题。
- 明确解决方案对你们双方都有利。

情感投资

当我在一所学校为有情感和行为障碍的儿童工作时，有一次在学校午餐时间发生了一件特别不愉快的事件。那次事件后，我第一次接触到"情感投资"这个概念。午餐是所有教职工和学生每天在一起吃饭的公共事务，这是加深人际关系和教授社交技巧的一个好时机。因为同样的原因，在上学前，我们也一起吃早餐。德鲁（Drew）是一名离开学校几年后最近又回到学校的学生，他拒绝听从校长的指挥。他被平静但坚定地要求离开餐厅一段时间，但他坚决要留下来（大概是为了保全面子），这变成了一个非常令人不安的公开对峙。几秒钟过去了，但是感觉就像过了几个小时。德鲁站起来掀翻一张桌子，大喊道"去你的，你这该死的金发碧眼荡妇！"然后就离开了。令人钦佩的是，校长照常和其他人一样继续吃着午饭。当所有事情安顿下来后，她去看德鲁。德鲁回到餐厅并吃了午饭。每天放学后，我们有一个教职工汇报会，这是当天的头等大事。一些员工很不高兴，对校长说："您允许德鲁在其他人面前那样和您说话！您还让他逍遥法外！"校长礼貌地听着，然后说："我请德鲁离开餐厅，他离开了，做了我让他做的事。我对他离开的方式满意吗？不，我只是忽略了他的继发性行为（骂人）。之后，我在远离众人的地方处理了这件事。德鲁知道他必须对我以及学校其他人做出补救，明天他会做的。记住，他对这所学校没有任何情感投资，他只是刚来到这里。学校里的人际关系对他还没有任何价值，所以他不尊重学校。"那一刻，我恍然大悟，校长正在谈论的是我们有时称为"买进"的东西。德鲁还没有"买进"我们的工作方式和精神，这件事情表明了这一点。

对我来说，情感投资的特点是把自己的一部分给某人、某物或某个地方，并得到某种形式的营养作为回报（我喜欢将其视为股息）。这是积极反馈，因为随着时间的推移，投资越多，股息就越高，人们越有可能采取保护投资或增加投资的方式行事。当然，投资是有风险的（正如广告上的小字写的，"股票可能上涨，也可能下跌"），并非每个人都是从零余额开始的。有些孩子在问题很多的情况下离开别的学校来到您的学校。因为他们预期会被拒绝（这种反应他们已经习惯），所以在您身上投资会很谨慎。这就是我们必须支付最初费用的原因——我们要先为孩子投资。我们要帮助他们抵制按自己的方式退出的冲动。这是互惠互利的,因为您对理解和帮助的明确承诺,孩子开始建立归属感、安全感和信心。他们开始对您产生信任并在您身上投资。平衡开始建立;只有到那时,如果他们真的经历了一个每个人都会经历的不稳定时期,那他们将更容易管理。牢固的人际关系经得起艰难时期,当它们受损时,对它们进行修复将成为孩子们最重要的事情。

建立情感投资的方法有无数种。每次您提供一次额外的复习课;每次您给孩子家里打电话报喜;每次您自愿在六年级筹款周的舞台上对腿部除毛;上周孩子们的狗一直在兽医那里,每次您不厌其烦地问他们的狗怎么样,这些行动都是您在进行情感投资。您在对这个地方和这里的人进行情感投资,您与一起共事的人之间的纽带也越来越牢固。但请注意,我不是让您在这里牺牲自己。老天知道,教师一直都在奉献、奉献、奉献,所以要特别注意确保您在周末有足够的时间留给自己和家人。

反 思 点

- 您班上的孩子感到自己受到重视吗?有意义或者有利害关系的感觉是投资一个地方的重要组成部分。

- 也许他们感到被拒绝、被孤立或被忽视?如果您感到自己不被重视,就很难感觉到自己的重要性。

- 您班上的孩子们有归属感吗?例如,对他们的导师组(我认为这是中学里最重要的工作,也是我最爱的一项工作)、学校的板球队或他们家的归属感。认同感是投资一个地方的重要部分。

错误思维

2011 年,当我成为一名校长时,我第一次对美国临床心理学家阿龙·贝克博士的工作产生兴趣。20 世纪 60 年代,贝克在抑郁症方面进行了一些非常有影响的研究,并试图识别导致情绪反应的消极想法。贝克将这些概念应用于人们思考自我和自我处境的方式中。当我们将其应用于教师如何思考他们教导的孩子及其行为时,我觉得这种思维方式的作用非常强大。在我成为校长之前,我认为教师对个别孩子的态度要么是积极的,要么是消极的。当我有幸领导一所学校并试图改善孩子们的行为时,我才真正地更加深入思考这个问题。我必须这样做,因为当我看到消极情绪开始蔓延时,我不得不和同事们进行一次让人感到很不舒服的谈话,而且免不了要质疑他们。虽然这让人不舒服,但你必须向他们提出质疑。想要改善我们所教孩子的行为,我们首先必须杜绝这种错误思维(又称"认知扭曲")方式,然后才有勇气在同事出现这样的思维方式时提出质疑。只有到那时,我们才能宣称自己学校拥有正确的文化。重读戴夫·惠特克在本章开头的那句话,您就会发现,所有形式的消极情绪都与建设良好学校不相协调。虽然互相质疑并不是我们这个职业喜欢做的事,但是当我还是一名警官时,这种事情一直都在发生。"我质疑"是我在警察局经常听到的话,警官们彼此间直截了当地质询情况是很常见的。这种情况在警察局发生是有道理的,因为警察工作不力的后果可能是灾难性的,比如罪犯逃跑、一些证据被销毁、同僚或受害者受伤,甚至更糟。这让同事们有强大的动力去及时解决问题。在教学中将孩子称为

"噩梦"的严重后果不会立即显现,但它们是破坏性的。如果不提出质疑,就会让这种文化悄然而至,极难挽回。相信我,我在学校经历过这样的情况。

我在下文中将探讨错误思维的主要因素、它们如何在您的课堂(和您的脑)中表现出来,以及您能做些什么来阻止它们。在我教学生涯的某个阶段,我曾犯过以下每一个错误。您呢?

1. 预测失败——又称"算命师错误"

"好吧,他今天要毁了我的课。"

在我通知我的团队乔(Joe)将要返回学校后,一位同事在"每日员工简报"中向我表达了消极的、充满攻击性的意见:乔多次旷课,他在学校时,我们所有人都觉得有时很难帮助他好好表现。同事的这番话立刻引起了我的不满,我用比我原本应该做的更为尖锐的方式回应,说:"好吧,如果这是您的态度,那他可能会这样做。"同事的话激怒了我,因为她已经决定了她的课会有什么结果。她预测了失败——教师们必须努力避免它。知道一个孩子目前在设法做到表现良好上遇到困难是一回事,断定他们不会有好的表现是另一回事。不是"不能",而是"不会",两者有天壤之别。我一位共事多年的同事一直怀着责任和承诺去谋划支持孩子,他经常说:"我们总是为成功做谋划。"而另一些人却断定,作为教师,他们无能为力。当你认为自己无能为力时,其实是采取了一种泄气的态度。

与上面赤裸裸的例子相比,对失败的预测可以以更多的方式表现出来。思考下面的例子:

因为有人认为孩子无法应对,所以不让孩子参加旅行、住

宿或学校娱乐等活动。询问他们需要提供什么样的支持才能使其成功。

限制某些孩子学习课程。我知道很多中学有许多不同的选修课手册，在学生选择关键阶段 4 课程（KS4）时会发给他们。这意味着一些学生在选择课程时会受到限制——我认为这是一项站不住脚的政策。想必这样做是为了提高学校在衡量整体成绩时取得好成绩的概率，但这就好比将孩子们当作学校标准象棋比赛中不知情的"棋子"。

2. 忽视积极因素，关注消极因素

"奥利维亚（Olivia）本周就是什么都做不好。"

将注意力集中在进展不太好的事情而忽略或没有注意到好的事情，是教师们的一个共同特点，因为我们经常把这一错误思维运用到自己身上。想想一直以来您从同事那里得到的关于课堂观察的反馈意见——如果您像我一样，您就会仔细推敲那些批评意见，而忘记了他们说的那些好的事情。

不幸的是，这也适用于我们所教的孩子。这种思维保持着消极的信念，尽管当从整个学校的角度来观察一个孩子的行为时，这些信念可能与实际的证据相矛盾。这一点在中学表现得更加强烈。在那里，我们几乎肯定只能看到孩子在学校时的部分表现，然而我们会将它进行延伸，认为所有其他教师看到的和这个孩子一天中其他时间的表现都是如此。

比尔·罗杰斯（Bill Rogers）用白色正方形中黑点的图像表示这一点。黑点代表引起你关注的一些负面事情，周围的白色正方形代表正在发生的所有好事。您关注什么？很明显是黑点，但您

必须与这种冲动作斗争。

对孩子们来说,在教工办公室里建立名声也是最好的方法之一。如果您只听过某个孩子给某些教师带来的麻烦(我们中的一些人在办公室里比其他人更具有话语权),那这样建立起来的关于该孩子的描述就很难消除。在教工办公室里发泄情绪是我们的本性,但如果我们持续不断地贬低某些孩子,就会产生皮格马利翁效应(详见第 52—53 页)。

3. 要么成功,要么失败

"迪娜(Dina),你必须在这学期剩下的时间保持完美,否则你就不能参加班级旅行。"

要求孩子们完美,否则他们就会失败,这种"要么成功,要么失败"的思维方式使孩子们(尤其是如果他们有行为困难)处于几乎无法获胜的境地。错误思维产生了,因为我们认为可以用诸如一场旅行或其他被认为是这个孩子渴望的活动,从外部激励孩子坚持做某件事情,因此认为先前的消极行为只是成为淘气孩子而进行的一个简单、有预谋的选择。我们需要做的就是给孩子们提供一些诱人的东西(比如旅行),但是为了成功,不给他们任何犯错的余地。这个逻辑风险太高,以至于孩子会努力避免失败——这会让他们集中精力! 这个逻辑简单,但有致命的缺陷。更糟的是,我们并没有把这些无法实现的期望强加给班上的其他人。尽管这个孩子困难重重,但他必须比班上其他同学更加努力。我们对那些在正常条件下很难获得成功的孩子采取了这种令人绝望的方式。提高跨栏高度进行跳跃是注定要失败的。

帮助同事认识到他们对孩子提出的要求不切实际,可以让他们对此进行调整。另外请记住,如果孩子期待旅行或参加其他活动,例如游泳是课程的一部分,应该无条件地提供。我们从来不会在测试或数学学习方面这样做。"迪娜,你必须在这学期剩下的时间里保持完美,否则你就不能参加单元考试",从来没有教师这样说过。

4. 贴标签

"狮子座是一个彻头彻尾的噩梦。"

在我看来,贴标签,更准确地说,是贴错误标签,使用了非常强烈和情绪化的语言形容一个孩子。当我们形容一个孩子是噩梦或很淘气时,就是在贴标签。您可能会认为,将孩子称为"淘气鬼"是没有害处的,但随后,孩子就会变成行为本身——他们变得"无法控制",而不是他们的行为变得无法控制(顺便说一句,没有行为是无法控制的,但我经常听到这个词)。"我们不给这所学校的孩子或家庭贴标签。把孩子的行为和他自己分开。"您可以表达您的质疑。

5. 控制的谬误

"这个班什么都不行。"

这是一种自我阉割的形式,借此将自己定义为无助者,并受到命运或其他人(包括孩子和高级领导团队)的摆布。由于我们觉得自己几乎没有或根本没有能力去影响、改变进而改善孩子们的行为,这削弱了我们的地位。最糟糕的是,我们可能会干脆停止尝试。我们开始害怕上课或孩子们的接近,就像上面提及对失败的预测一样,我们会预料最坏的结果。在这些情况下,我们需要的是支持,大量的支持,而不是质疑。如果一个同事感到无助,我们会团结一致,汇集更多的支持来扭转这个局面。当我向一位上级领导寻求支持,被扔给一本罗布·朗撰写的小册子时,我想我就是处于这种状况。这不是一个令人愉悦的处境,但是您很难意识到自己所处的境地。

6. 基本归因错误

"哎呀，我儿子在家从来没有这样的行为！"

听过这句话吗？当然。如果您是父母，可能也会这么说。我们**真的**对孩子们（其实这适用于所有人，包括教师）在家与在校行为的不同感到意外吗？我们不该如此。在学校，他们面对不同的教师表现不同，所以他们在校外的表现当然也不同。我认为，在内心深处，我们所有人都明白这一点，但究其根源，有一个更深层的问题。即我们倾向于过分强调他人行为的原因，将之归结于他们的态度或个人特征，而忽视或低估了情境、背景或者行为发生时所处的环境和对他们提出要求的环境。社会心理学家李·罗斯（Lee Ross，1977）称之为基本归因错误[4]。心理学博士理查德·尼斯贝特（Richard Nisbett，2015）认为："这是我们犯的最普遍和最直接的推论性错误。"[5]他说："我们头脑中发生的事情，远比我们意识到的多得多……多关注背景。这将提高你正确识别影响你和他人行为的情境因素的概率……要知道，情境因素对你和他人行为的影响通常比它们看起来的要大，而人格因素（dispositional factors，一译"素质因素"）的影响通常比它们看起来的要小。"正如蒂姆·奥布莱恩（Tim O'Brien，2015）博士在他那本优秀著作《内心的故事》

(*Inner Story*）中说的那样："你的行为是你带给环境以及环境带给你的结果。"[6]

也许您听同事说有注意缺陷多动障碍的孩子就是坐不住。他们当然能坐得住，但在你的课堂上有时会有这样的情况，有注意缺陷多动障碍的孩子可能更难坐得住。这两者之间有很大区别。知道如何最大限度地支持孩子，如何最恰当地设置教室、展示资源和您的行为（情境因素），会最大可能地带给这个孩子成功。

用前面讨论的贝克的术语来说，这是一种贴标签的形式，是一种非常限制思维的方式。我们用形容词给孩子们贴上固有的、无法改变的标签，比如淘气的、不可教的或粗鲁的，这变成了他们确定的特征。没有一个孩子会一直粗鲁，也没有一个孩子会对他们遇到的每个人都粗鲁，如果不考虑事情发生的背景，就有可能忽略他们在特定情况下粗鲁的原因。虽然重复说这些可能令人生厌，但我还是要再次强调，这并不意味着他们在那次事件中的粗鲁行为是可接受的，或者我们不应该对此采取任何行动。事实恰恰相反，当我们产生自己无能为力（控制的谬误，请记住）这种想法的时候，意味着一个不可避免的想法就会产生——这个孩子确实淘气，他就是这样的，一直都是，永远都是。

在本章前面我说过，我们应该将行为理解为孩子试图满足其需求的尝试。如果这样想，那所有的行为都是正确的。因此，我们认为孩子的需要不是固有的（人格因素），而是儿童与他人和环境（情境因素）互动的反应。例如，它可能是恐惧、无聊、噪声或爱，是由孩子与环境及周围其他人互动产生的。孩子一定是害怕某件事情或某个人，厌烦某件事或某个人。他们不可能只是单纯地害怕或无聊。考虑到这一点，将消极行为看作未满足需求的表达，然后思考如何才能提供最大的支持以满足孩子的那些需求。强调前面所提观点，并不意味着这种行为是可以接受或者有效的。例如，未满足的需求可能包括他们想和您尽可能保持足够远的距离。这是不可以的，但它使您理解了他们为什么要这样做，您可以着手改变现状，让事情变得更好。

皮格马利翁效应

和认为行为问题更多的是与人有关而不是与环境有关的认识倾向一样，我们有一种根据我们对孩子的判断降低或提高对班里每个孩子的期望的危险。您可能认为我们不会做这样的事，但是研究表明，我们会犯这类错误。心理学家罗伯特·罗森塔尔和莱诺·雅各布森（Robert Rosenthal and Lenore Jacobsen，1968）的研究表明，教师期望会影响学生的表现。[7]正如您希望的那样，积极期望对学生表现有积极影响，但另一方面，很明显，消极期望对学生表现有消极影响。罗森塔尔和雅各布森将这种现象称为"皮格马利翁效应"。他说："当我们期待他人做出某些行为时，可能会采取使预期行为更有可能发生的方式行事。"所有人都相信自己对每位学生都抱有最高期望，那么让我们来看看在教室里这可能意味着什么。

就行为而言，我看到的皮格马利翁效应最常见的形式是，成年人面对一些孩子时会使某些情况进一步恶化，面对其他孩子时则不会。您可能会问："成年人到底为什么要这么做？"这是一个很好的问题，但我已经见过很多次了。当我为学员提供行为方面的培训时，我竭力想给他们留下深刻印象的一件事是我们绝对不能使情况恶化——这是医学界的"首先，不要伤害"的教师版。我们通过违纪追诉或者对次要行为做出更强烈的反应使情况进一步恶化。有些教师热衷于抓住孩子的一些不足，比如衬衫没有穿整齐，引出他忘带钢笔、作业丢了、在操场上说稀奇古怪的脏话等，有意提起孩子上周的行为表现。我见过很多相同的违纪行为，但是处理方式很不一样，这主要取决于做出这些行为的孩子。对于一些很少越过行为底线的孩子，脱下衬衫的行为会被悄悄地处理或者被完全忽略。但有趣的是，对于另一些孩子，它是教师当着全班同学指出他们一连串错误的开始，并且会进一步证实这些孩子确实没有达到要求而再次受到惩罚。

皮格马利翁效应研究得到普林斯顿大学心理学家约翰·达利和佩吉特·格罗斯(John Darley and Paget Gross, 1983)实验研究的支持。他们进行了一项实验，在实验中，学生们以对一名孩子社会阶层的判断为依据，对其做出刻板的判断。[8]该实验声称："人们对属于工人阶层的汉娜(Hannah)的期望和要求会降低，他们会认为她的表现比假如她属于中上阶层更糟糕。"这与我近二十年教师生涯中经常听到的评论不谋而合："唉，好吧，您对那种家庭出身的孩子还能抱什么期望呢？"

您会注意到，这里与阿龙·贝克关于错误思维的观点有很多共同点。它在本质上相当于我们这些训练有素的专业人员在不知不觉中创设了一个对一些孩子有利但对另外一些孩子非常不利的环境。我们必须警惕这种思维方式的倾向，并努力与之抗争，以确保我们不会使那些已经感到学校是一个很难让人成功的地方的孩子处于不利地位。

战胜命运

2016 年在斯旺西(Swansea),我有幸聆听了英国前苏格兰教育总督格雷厄姆·唐纳森(Graham Donaldson)关于他在威尔士课程改革方面的演讲。他解释说,鉴于某些孩子生活贫困,他认为这项工作的主要目的是"战胜命运"。我很幸运,在他之后发言,并让他知悉,从那一刻起我将使用这个词,因为它完美地概括了我的感受,我们这些与有特殊教育需要的儿童相处的人正尝试做到这一点。我强烈认为,这个词同样适用于我们为那些有时难以在学校表现良好的孩子做的工作。几年来,有些孩子所受的惩罚越来越严厉,而且没有任何迹象表明其行为会好转。放学后留校、开除,这些首选惩罚对他们不起作用。实际上,许多人只是将惩罚纳入学校生活。他们的未来已经被规划好了,有时是因为我们将他们开除,当众断言他们无可救药,或者在教职员工办公室,或者当着他们的面。这就是为什么心理学课程能帮助我们改变自己的态度,更深入地审视未满足需求的表达,寻求解决技能缺乏的方法,从而帮助这些孩子表现得更好。重申罗斯·格林的口头禅:"如果孩子们有能力做好,他们会做得很好。"帮助他们学会做好是我们的责任。只有这样,我们才能战胜命运。

进一步讨论——问题和活动

- 与同事进行一次讨论:您学校或课堂的无条件积极关注是什么样的。
- 当讨论行为问题时,请问自己以下问题:

- 孩子这样做是为了满足什么需要?

- 孩子知道在这种情况下的成功意味着什么吗?

- 在这种情况下,孩子需要掌握哪些技能才能成功?

- 我们能确定需要做什么来支持孩子提高那些技能吗?

- 我们提出的解决方案是否能同时满足我们和孩子的需要?

- 我们是否因为觉得自己在给孩子让步而抵触这种工作方式?(想想无条件积极关注)

- 我们想赢吗? 如果是,我们能认识到孩子不喜欢输吗?

• 我们的学校以什么方式促进情感投资?

- 我们有一个活跃和充满活力的家庭系统吗?

- 我们是在庆祝进步而不仅仅是高成就吗?

- 我们有被遗忘的孩子吗?

- 我们是不是在无意中让一些孩子觉得自己不如其他孩子重要?

- 我们的孩子觉得自己受到重视、很重要吗?

- 我们如何证明这一点?

- 当我们问孩子时,他们会说什么?

• 当我们听到或者看到消极情绪时,我们有勇气质疑彼此的消极情绪吗?

- 我们预测失败吗?

- 我们忽视积极因素吗?

- 我们关注消极因素吗?

• 在同事之间达成协议,如果遇到消极情绪,你们会礼貌但坚定地提醒彼此。使用达成共识的文本会降低此事的难度,如:

> "希尔(Hill)先生,在这所学校,我们不预测失败,告诉我今天进展顺利的事情。"

- 关注孩子们成功所需支持,消除对失败的预测。
- 在讨论行为问题时,应重点关注行为发生的情境。不要急于简单地把它归因于某个孩子的出现。重要的是儿童、其他人及环境之间的相互作用,而不仅仅是儿童本身。

注释

1 http://joe-bower.blogspot.co.uk/2012/04/collaborative-problem-solving.html (accessed on 11 December 2017).

2 http://drrossgreene.com/about-cps.htm (accessed on 11 December 2017).

3 www.livesinthebalance.org/paperwork (accessed on 11 December 2017).

4 Ross, L. (1977). "The Intuitive Psychologist and His Shortcomings: Distortions in the Attribution Process", in L. Berkowitz (ed.), *Advances in Experimental Social Psychology*. New York: Academic Press. pp.173 – 220.

5 Nisbett, R. (2015). *Mindware: Tools for Smart Thinking*. London: Penguin. pp.48 – 49.

6 O'Brien, T. (2015). *Inner Story: Understand Your Mind, Change Your World*. CreateSpace.

7 Rosenthal, R. and Jacobsen, L. (1968). *Pygmalion in the Classroom: Teacher Expectation and Pupils' Intellectual Development*. New York: Holt, Rinehart and Winston. And see also Rosenthal, R. and Babad, E. Y. (1985). "Pygmalion in the Gymnasium", *Educational Leadership*, 43 (1): 36 – 39.

8 Darley, J. M. and Gross, P. H. (1983). "A Hypothesis-confirming Bias in Labelling Effects", *Journal of Personality and Social Psychology*, 44 (1): 20 – 33.

第三章
您的行为

我得出一个可怕的结论：我是课堂上的决定性因素。我个人的方式创设了课堂氛围。我每天的心情决定了课堂气氛。作为一名教师，我拥有可以使一个孩子的生活变得痛苦或快乐的巨大力量。我可以成为折磨的工具，也可以成为激励的工具。我可以羞辱孩子，也可以治愈孩子。在任何情况下，我的反应决定了危机是升级还是降级，决定了孩子是人性化的还是非人性化的。

——海姆·吉诺特（Haim Ginott）

本 章 要 点

- 在任何情况下，您的首要任务都是确保您的行为不会使情况进一步恶化。

- 把每一天都当作一个新的开始并不是陈词滥调。这是至关重要的，因为我们的关系必须经得起逆境。

- 一些孩子经常经历——甚至期待——失败和拒绝。我们的行为可以向他们表明，我们是可靠之人，我们希望他们成功。

- 当孩子为避免失败或挑战而蓄意破坏情境时，我们的行为可以向他们表明，我们无条件地欢迎他们回来。

- 当您处理不良行为的能力被质疑时,认清您自己很重要。
- 礼貌是会传染的——对希望孩子们表现出的行为进行示范是必不可少的。
- 您的声音非常具有影响力。和孩子们交谈,就像他们的父母坐在他们旁边一样。
- 作为成年人,有时候我们的行为表明我们渴望胜利,这意味着孩子不得不输。

在学校里说"行为"这个词,每个人都会自然而然地想到孩子们的行为。作为专业人士,我们对作为我们教育对象的孩子的行为有着合乎情理的痴迷。你可以肯定,作为员工办公室经常谈论的话题,它与老板的批评这一话题一样热门,两者始终难分伯仲,有时候当讨论我们的老板在解决行为问题上有多糟糕时,这两个话题就像一对相互环绕的超大黑洞一样,缠绕在一起。我们多久讨论一次自己的行为,并检验它对孩子的影响?是否有过因为您的行为让情况不断恶化,而事后再看,发现您本可以处理得更好的时候?如果您没有,我会很惊讶。我很遗憾地说,我当然有。我们需要批判地审视自己在课堂上的行为,在员工办公室和培训课程中对其进行更多的讨论,因为它是改善行为的重要因素,这就是本章要讨论这个主题的原因。

我不记得在教师培训中是否明确提到过我自己的行为,但它构成了我作为一名纠察时常规培训的主要内容。我在泰晤士河谷警察局时和很多不同的警察一起工作。由于一个重要原因,特警布伦丹(Brendan)是最优秀的警员之一。在我们被召集到一起去寻找失踪者的时候，他对我说的第一句话一直伴随着我："我的目标是到退休的时候再也不使用这个（他指向警棍），或者对这些（指向他的嘴和耳朵）使用这个（指向胡椒喷雾）。"我立刻对他产生了好感。这让我想起了保罗·布莱克（Paul Black）教授[因与迪伦·威廉（Dylan Wiliam）在形成性评价方面的工作而出名]，他在我有幸参加的一次会议上说："教师应该多听少说。"我们如何并在多大程度上使用我们拥有的这些与生俱来的器官，极大地影响着与我们一起工作的人如何对我们做出回应和反应，以及这些情况和我们的关系如何改善或恶化。

我曾与身为全职警察的兄弟皮特（Pete）共事过很多次。我亲眼看到他熟练地运用自己的沟通技巧缓和那些很容易失控的局面，就像前文海姆·吉诺特提到的一样，在任何情况下，我们都是决定性因素。我也曾见过警察因滥用权力而使局势紧张的情况。有一次，我和一名同组警员在街上拦住并搜查一个人，同事通过无线电查看他目前是否被我们或其他警察通缉。这个人以前经历过多次此类检查，他知道正在发生什么，但那会儿依然有紧张感。如果有一张逮捕他的执行令，控制中心会通过无线电耳机告诉同事（我也能听到，但那男子听不到）。"我们都认识他，但目前没有通缉他。"这意味着我们可以放他走。但同事没有让他离开，而是抓住他的上臂，把脸紧贴着这个正急切地想知道他是否马上就要被捕的男子，说："我很抱歉地告诉你……你可以走了。"然后，他轻轻地推开男子，得意地笑了起来。那一刻，我确信那男子会揍我的同事。但男子想了想，最后放弃了，大声叹了一口气，然后走开了，嘴里嘟囔着他人无法听清的话——它可能和我那时脑中想的非常相似。我没有经验，也缺乏勇气去和同事讨论这个问题，这是我至今仍然感到遗憾的事情。我知道这事让我的同事觉得自己很强大，但这让我很担心。因为这个人是个偷车惯犯，警察经常见到他。因此，下一次遇到这种情况，他可能会更加防备和紧张，这使他的反应变得难以预料，增加有人受伤的可能性。他也会因为一些完全可以避免的事情再次被捕。虽然那只是一名警察的行为，但与一名警察的消极互动很容易使男子将此种经历扩展到所有警察身上。

警察和教师做着截然不同的工作，但在与工作对象互动中如何定下基调，两者有很相似的地方。关键的区别在于——教师每天面对的是同一群人，但警察不是。我们和孩子之间的关系必须经得起逆境。不管上节课或前一天的情况如何，我们都要继续下节课和第二天的工作。关键是，不要忽视这对孩子来说也是如此、也许更甚的事实，因为他们必须重新进入这个在他们看来属于您的领地。即使他们在小学时已经在您的班级里，比如已经一年多了，他们仍然认为这是你的课堂。这就是为什么对我们而言，重要的是要把每一天都视为一个全新的开始，并真正地说到做到。当然，某一天的事件很可能由于各种原因，放到第二天处理，但我们不应该用过去的错误来羞辱、惩罚孩子们。以"今天最好比昨天糟糕的情况有所改善，否则……"的方式开始新的一天是没有必要的，并且可能还会适得其反。他们在犯错后再次走进您的课堂时，您的目光与他们相遇的那一瞬间就会为这堂课定下基调。因为他们会对您的所有微妙线索保持警觉，就像您会对他们的线索保持警觉一样。在那一瞬间，您不需要说一句话，也不需要发出任何声音，就可以向孩子们传达是否欢迎他们回来的信息，这就是您的肢体语言的力量。

我们与警察一样，有能力通过我们的个人行为影响一个人对我们学校或职业中所有成员的看法。因为一次糟糕的经历，所有学校都可能被认为是不安全的，某一特定科目可能会被认为是难以应对的，或所有教师都可能被认为是危险的。只要听听那些也许被错误地称作"难以接近的家长"忆起他们几十年前学校教育的负面经历，就能理解这点。伤痛就像那个一次次让我们想起令人讨厌的童年事件的伤疤一样，一直存在。另一种情况则是好的，那些教师永远在我们心中。他们帮助我们飞翔，发掘我们的天赋，在我们遇到挫折时鼓励我们度过艰难时期，因为他们，我们现在也成了教师。您不需要坐下来回想那些教师的名单，您能不假思索地说出他们的名字。你们都拥有自己小学时代的鲁比·海恩斯(Ruby Haynes)或琳达·达格利什(Linda Dalglish)老师；中学时代的伦·克拉克(Len Clark)、皮特·雷曼(Pete Rayman)、鲍勃·布伦斯登(Bob Brunsden)或斯坦·比辛格(Stan Bissinger)老师。

我们有能力通过课堂上在这些未成熟的易受影响的孩子面前的表现，让孩子们感到安全或害怕、被爱或被拒绝。

也许我们忘记了一些年轻人是如何把在学校工作的成年人当作偶像的。我的妻子是幼儿园教师，当她班上一个三岁孩子在校外看到她时，兴奋和迷恋的神情溢于言表。我写这些时正值暑假，她班里的一个孩子刚刚和她姐姐一起来到我们家，把她做的一张卡片送给我的妻子。最近一位家长打电话告诉我们，她女儿在卧室里给经常和她相处的助教立了一个"神龛"(她的原话)。这位名叫卡伦(Karen)的助教非常优秀，所以她确实应该有一个"神龛"，但也许应该放在一个更显眼的公共场所。这件事情的确让我们反思需要注意的依赖关系。但事实上，我们的影响力是巨大的，我们应该警惕的是,孩子们可能比我们更重视我们的一些即兴言论,或我们无意中、偶然间做的一些事情,无论它们是正面的还是负面的。以伯特夫人(Mrs Burt)为例,她是我中学时期的老师。很显然,我的名字让她觉得很好笑,所以当她开始上课念点名册时,她重复了我的名字 Jarlath,每次都在"ar"处发声时间更长。Jarlath 最终变成了 Jaaaaarrrrrlath,这逗笑了她自己和我的同学。作为一个成年人,我很容易脸红。而作为一个 12 岁的中学生,在 20 多位同学面前,我想逃跑,但我只是坐在那里,并且接受了它。无法原谅的是,她很长时间一直这样做。随着这个笑话的不断重复,我的脸越来越红。虽然在她的教学生涯中,她不会对那一刻作进一步思考(也许她对很多孩子都这样),但我永远不会忘记这件事。这使我在随后的三年里对她非常地提防,直到我遗憾地永远放弃艺术。

成年人也有一些顺嘴说出的杀手级言论。当我在教师培训结束后回到教师培训课程导师所在学校进行第二次实习时,她对我说的第一句话是:"哦,你回来了!我们没想到你会成功。"

安珀

就像前面的伯特夫人一样,我们完全可以用我们的行动让一个孩子对某一科目或学校和教育丧失兴趣,同时,我们也具有不可抗拒的潜力,可以改变那些认为自己因失败而无用或者感到被他人冷漠拒绝的孩子,让他们的生活变得更好。在我写下这些文字时,我和同事们刚刚激动地完成了一项持续两年的工作。两年来,我们一直与十年级时从另一所特殊学校转来的女孩安珀(Amber)

相处,并予以辅导。安珀曾在一所主流小学上学,由于学习和行为上的困难,后来去了一所特殊学校接受中等教育。除了学习和行为困难外,安珀开始经常不去上学,后来她完全离开了学校。我认为这所坐落在主干道上的学校做出一旦安珀离开学校就不再对她负责的决定是错误的。安珀的母亲非常担心她,为她办理了退学,安珀在家待了整整一个学期才来到我们学校。说安珀在我们这里生活期间一切都很顺利,是不诚实的(事实并非如此),但是她在控制自己剧烈波动的情绪和行为方面取得了很大进步。因为她之前的经历,安珀认为到处都是成人的学校是不安全的,用她的话说,"不理解我,不听我说话,也不在乎我"。当然,安珀以前的学校里有很多理解孩子、倾听孩子、关心孩子的成人。然而,当安珀在特殊情况下努力控制自己行为的时候,当她最需要他们的时候(即她逃跑时),她认为他们对她毫不关心,她有一种失败感和不安全感。我们可以讨论她对这种情况的看法和成人对此的看法之间的差别以及两者的相对优点,但是,一个孩子对您和教室氛围的看法非常重要,因此不容忽视。当安珀来到我们学校时,她精确地调整了她的"雷达",将我们学校所有的成人都视为威胁。提高的嗓音、失望的表情、晨会、看起来太难的任务等,都是她逃离的理由。我们需要用尽可能多的方式和时间,清楚地向安珀表明我们是安全可靠之人,我们可以被信任,我们关注她并且理解她、喜欢她、关心她,希望她成功。我们需要安珀放下戒备心,让她感到自己可以再次变得脆弱。更重要的是,在事情进展不顺利,在她坚定地预料拒绝会再次出现时,我们需要向她清晰表明,我们支持并帮助她修复关系,我们会在第二天面带微笑欢迎她,并加倍承诺让她过得更好。

当然，这些事情做起来都不容易。教师也是耐心和精力处于不断波动起伏的人，这里就体现出了支持性团队的弥足珍贵。我的同事们非常善于互相支持，能认识到何时需要换一个人（关于与支持人员合作的更多信息，详见第九章）。

当孩子处于像安珀那样的境地时，他们可能会采取我们在第一章中讨论过的避免失败的方法。也就是说，他们在尝试之前就放弃了。他们认为，避免失败要比在经历痛苦的尝试后被告知它（当他们听到"它"时，会认为"它"即"我"）不够好要好得多。当您确信拒绝迟早会到来的时候，等待不可避免情况的压力会找到一个显而易见的解决方案——通过在自己选择的时间按照自己的方式出局从而获得控制感。如果您和一个孩子协作，这个孩子说"我不做了！"您就要注意了！把任务搞砸，一开始就拒绝上课，耗尽您的课程时间，不带自己的体育用品，或者经常在拼写考试时抱怨不舒服，这些都是避免失败的潜在信号。您的反应是打破这种避免失败循环的最重要因素。

与安珀在一起面临的一个重大挑战是我们自己。记住，我们是普通人，偶尔有消极想法是很正常的，我们的挑战就是当消极想法出现时击倒它们。在我的脑海里，这些想法一直在闪现：事情变得越来越糟，同事们认为我应该开除安珀，我应该屈服于对安珀进行更多的惩罚从而"让她乖乖听话"的要求，我显得很软弱（请注意，这些想法是多么地以自我为中心）。我不断提醒自己我们要努力实现的目标，记住目前取得的进展，并且将这些想法内化，以确保安珀看不到我的摇摆不定，因为那会暗示她预期中的拒绝就在眼前，会让她感到不安。

那段时光以及和我们在一起的短短两年时间里她取得的毋

庸置疑的进步提醒我，我们不应该把教师的仁慈和人道主义行为误认为是软弱和宽容，或者是对孩子们的放任不管。你既可以是善良且人性化的，同时也可以是坚定不移和高标准的（在我看来，这就是善良的定义），正是您的所作所为将向孩子们证明这一点。

安珀在我们学校的最后一周，也是她在任何一所学校的最后一周，我们都接受了教育标准局的检查。在周二的午餐时间，我和安珀从主楼出来走向操场，这时检查组人员正好从我们对面向我们走来。"先生，他们是检查人员吗？"安珀问。"是的，"我一边回答，一边想安珀在想什么。"我能跟他们说几句话吗？"她接着说。"嗯，当然可以，"我满怀兴趣地回答。和其他十一年级学生一样，安珀在离校前的紧张情绪中度过了难熬的几周，所以我想知道这是怎么回事。

"您好，我只想让您知道，这所学校比我上一所学校好多了，在这里我觉得很安全。上一所学校不照顾我，但这里的老师照顾我、理解我，我觉得我的生活有了改善。"我不得不对首席督察说，尽管这些话听起来绝对像是在演戏和照着脚本念的，但的确是安珀刚刚即兴说出来的。虽然我们已经知道她有这种感觉，但是看到她有意识地接近三个令人生畏的陌生人并和他们说这些话，我们觉得很振奋。

我们自身行为有很多方面，因此值得仔细研究几个主要方面。

首先，不要伤害

作为教育孩子们的成年人，当我们决定如何最好地处理行为问题时,我们的首要工作就是确保不会使情况继续恶化,这是希波克拉底(Hippocrates)"首先,不要伤害"的教师版。这一说法的意义远远超过我们深思熟虑的行为。我们必须考虑自己的情绪状态以及我们的精力和耐心储备。我从事教师职业多年,知道自己应对的能力何时耗尽。大多数时候,我觉得自己似乎有很强的能力和孩子们一起面对最具挑战性的局面。但我知道,也有一些时刻,我被自己的情绪打败了。当我不得不与同事一起处理困难局面时,就会出现这种情况。如果我与同事有一次艰难的会面(也许因为同事的表现),我会很清楚,那之后的一段时间,压力会一直存在,我的决策能力和容忍度可能会受到影响(有趣的是,与父母或州长的艰难会面虽然充满压力,但我似乎不会妥协)。我有可能做出错误的选择,行动太迅速,说一些我以后会后悔的话。那些时候,我清楚地知道,我需要同事们的支持,但是我没有向他们请求支持。尽管我尽了最大努力,但可能还是会让局势继续恶化,没有人从中受益。套用斯宾诺莎(Baruch Spinoza)的话:受情感左右的人不是自己的主人,而是为命运所操纵。

反 思 点

- 您是否能认识到自己应对不良行为的能力何时会耗尽?
- 您能确定应对不良行为的能力耗尽的原因吗?
  - 疲劳会影响您吗?
  - 某种特定类型的行为(如欺凌)会影响您吗?
  - 课堂以外的问题(如工作量)或学校以外的问题会影响您吗?

- 当这种情况发生时,您可以去哪里寻求支持?
  - 您能找您的教辅人员帮忙吗?
  - 附近有教师可以帮忙吗?

礼貌是会传染的

2017 年复活节,我和家人坐在纽约地铁上,广播中传来一则公益广告,结尾是:"女士们、先生们,请记住,礼貌是会传染的。"这句话很好地总结了对我们希望孩子们做出的行为进行示范的重要性。孩子们来到我们的教室时,还处于认知和情感发展的不同阶段,即第一章中提到的"刺猬式形象",一些我们认为理所当然的基础知识对许多孩子来说不是自动化的,但我们可以而且必须给他们指明方向。到校时的欢迎,放学时的告别,说"请""谢谢",关心他们的安全与健康,对他们的周末生活表现出兴趣,关注他们的爱好和俱乐部,都有助于讲礼貌和相互尊重的氛围成为常态。西奈德(Sinéad)老师曾经和我一起在行为困难儿童学校工作过,她身材矮小,沉默寡言,有着无可挑剔的礼仪,而且无论情况如何,她从未失态过(那所学校也发生过一些奇怪的事情,但她总是显得很安静,从容不迫)。她知道培养孩子礼貌行为的唯一方法,就是坚持不懈地向他们展示正确的方式,因为孩子们非常尊重她,所以他们也做出了相应的回应。我妻子的一位同事在一个孩子那里吃了苦头后才明白这一点。在孩子向教师要一把尺子时,教师要求他"说出最关键的字"。

结果那孩子直接回了一句:"把他妈的尺子给我。"

波拉斯和埃雷斯（Porath and Erez，2010)[1]进行了一些有趣研究，探讨了粗鲁行为如何影响我们工作所在组织的人员和文化。总的来说，他们发现，无论是认知还是创造性任务的成绩，都会受到粗鲁行为的影响，真正有趣的是，人们也会因此变得不那么乐于助人。更糟糕的是，他们发现目击者也受到类似影响。他们还发现，缺乏礼貌会使他人行为失调和产生攻击性想法。这就是班级或学校文化会恶化的原因。不过需要提醒的是，这其中也包括成人的行为。研究人员发现，由权威人物传递的粗鲁行为也有同样的结果。他们指出："当个体感到没有受到尊重时，他们往往倾向于要么封闭自己，要么耗尽宝贵的认知资源试图理解环境。无论他们是在考虑回应，试图为粗鲁行为辩解，还是只是对肇事者行为进行反思，很明显，这些过程都剥夺了手头任务的认知资源。不礼貌的行为耗费了学习和工作所需的情感和认知资源。"

气场

我教学生涯的前五年在一所综合学校工作，随后我在一所私立精英学校待了半年。大多数情况下，我觉得行为最重要。我知道孩子们能够很好地理解高标准的含义，我与他们可以很好地交流，无论是从总体上，还是对我教给他们科学概念、建立良好关系以及创建良好的学习环境而言，这都是至关重要的。但我确信，我在课堂上有自己的气场——我渴望成为的最优秀教师具有的那种神秘品质似乎是与生俱来的，但肯定不是这样的。我所说的气场，并不是指散发着那种能吓到孩子们的权力和控制力——那种孩子们因为害怕面对教师的愤怒而大气不敢出的课堂[如果您年龄足够大，可以想想《格兰奇山》(*Grange Hill*) 中的布朗森 (Bronson) 先生或《凯斯》(*Kes*) 中的格莱斯 (Gryce) 先生]。这种气场是有害的，它限制了您在课堂上可以实现的目标，因为许多孩子甚至是所有孩子都把主要精力放在避免陷入麻烦和保持隐身状态。事后看来，令我困扰的是，作为一名实习教师，我被引诱着认为权力的投射是一件好事，因为这意味着我正在向孩子们展示谁是老大。我现在明白，这实际上是我作为一名新手教师个人不安全感的投射。我天真地相信，是自己 183 厘米的身高和强有力的嗓音促成了这一切。但当我离开综合学校和私立精英学校，来到一所专门为行为困难孩子开设的学校工作时，我发现我的身高和强有力的声音都无助于培养孩子们的良好行为。对他们来说，学校是一个很难让他们获得成功的地方。来到这所学校的所有孩子，都是因为具有严重的行为问题，并且其中大多数人至少被一所学校永久开除。在这里，我从很多同事（包括教师和教辅人员）那里得到启发，这就是"气场"这个奇怪的氛围实际上意味着什么。整个讨论的中心论点并不是实际上教师是否在场（很少有人真的在场），而是他们的气场传达给教室里孩子们的信息。我们学校发生了一些不好的事情：孩子们可能彼此施暴，偶尔也会对我们施暴，经常在口头上非常具有攻击性，情况可能会迅速恶化。我必须学得很快，在工作的早期阶段，学校里的所有工作人员在教我时都做得非常出色。我花了很多时间观察他们，随着时间的推移，我设法弄清楚了他们在教室和学校周围建立自己"气场"时所做的许多深思熟虑的事情。

我的同事们内心平静、自信，这种自信向周围的每一个人传达着他们是镇定自若的。不管情况如何，无论情况如何，它给每个人清晰的感觉就是他们对一切都泰然处之。这是与警察、医生、护士和护理人员的另一个相似之处：他们的大脑可能在超负荷工作，他们的胃在翻筋斗，肾上腺素在加速，但他们表现得很笃定和冷静。这很重要，因为它让孩子们很安心，包括那些在特定时期正在挣扎的孩子和周围的其他同班孩子。

孩子们能够看出我的同事们对所有事情了如指掌，但这并不意味着他们需要控制一切，这种微观管理令人窒息，但它意味着孩子们知道老师会发现任何低于他们非常明确的最低期望的情况并做出处理。而且，孩子们知道会如何处理。教师们的不可预测性并不让人紧张，他们已经很好地确立了一致性。

对我来说，最重要的是，这些教师都郑重地决定，要与那些认为学校是极难成功的地方且可能表现得非常暴力的孩子协作，他们向孩子们传达了关心。他们安排孩子们课程的方式，促进事情进展顺利的方式（包括定期与学生家长沟通），鼓励和支持孩子们的方式，所有这些被组织起来，用以创建一个有安全感的场所。这意味着在事情进展不顺利的时候，他们可以坚定、公平、修复性地处理事情。

反 思 点

在教室里，您的气场向孩子们传递了有关您的什么信息？

声音

声音是我们作为教师最依赖的工具。您失声过吗？没有声音的教学几乎是不可能的。虽然嗓子发炎会好，但当我第一次给有严重和多重学习障碍的孩子上课时，才真正体会到我是多么依赖自己的声音。如果您教的是有多种感觉障碍的孩子，比如他们既聋又瞎，您的声音就是多余的。他们既听不见您说话，也看不见您的唇语。虽然我的确认为实习教师应该尝试一下这种事情，因为它无疑使我成了一名更好的教师，但是很少有教师会面临这种挑战。因为直到我教学生涯的后期，我才经历了这样的事情，所以没有及早体会到自己的声音在课堂上的力量。

刚开始教书的时候，我会大声喊叫。在一些班级上课时，我发现很难维持良好的课堂秩序，我怠惰地采用大声喊叫的方式来处理，因为我可以（我的嗓门很大），但主要原因是我不知道还能怎么办。虽然我知道我应该停止这样做，但是它吓住了大多数孩子，让他们暂时安静下来，所以我推断它是有效的。

经过一番思考，我想起了我的中学老师霍根（Horgan）先生。他身材矮小，声音沙哑，我们必须竭力去听，才能听见他说的话。我们学校的学生很活跃（"狂野"，就像我以前的科学老师和六年级的导师最近对我说的那样），所以在我们的课堂上，想让别人听到他的声音是有些困难的。他只是简单地举起他的右手小指，等着我们所有人都这样做。这是我们模仿他、保持沉默并倾听他说话的信号。当他第一次来到学校工作时，虽然我并不是他的学生，但是传言很快就传遍了我们年级组，说这位新教师滑稽地站在整个班级前面，举着小手指。我记得当时我认为这等于教师自杀。但是，正如上面所说，这是霍根先生恰当的气场形式。他镇定自若，知道孩子们会及时做出反应。我意识到喊叫表明我失去了控制，我需要更加关注喊叫给孩子和我带来的后遗症，因此我不再在课堂上喊叫,也没有模仿小手指的信号。在其中一个班级(一个非常活跃的九年级科学小组),我们拟定了一项制度,当他们到达时,我坐在教室后面为上课做准备。他们知道进来后要把书和铅笔盒拿出来放在桌上,读黑板上的所有信息(例如,把作业交到桌上的作业盒里),然后来到实验室后面和我一起围在一张桌子周围,随后他们将在该桌子上做一些实验。这个办法很有效,我不必说什么——这套程序运行得很好。他们渴望开始;他们知道自己需要做什么,所以他们做到了。这与我在门口等着欢迎孩子们的大部分课程不一样,但我可以在他们到教室后面时单独对他们做,我感谢他们这种开始上课的方式。大多数课,我都确保他们一坐下就开始上课。他们知道黑板或桌子上有需要做的事情,这保证了他们一开始就把注意力放在学习任务上。这减少了过去孩子们在上课开始5分钟后才到达教室的空置时间,这是我曾经的经历。

满足我们自己的需要

每当我和教师们讨论行为时,最有争议的话题似乎是我提出的成年人有时做事情是为了满足自己的需要。我们愿意认为自己是纯粹的利他主义者,我们在学校所做的一切都是为了孩子们的利益。但有时(只是有时),不管是有意还是无意,我们满足的是我们自己的需要。因为这是我最常看到的问题,所以这一点我将在第六章有关约束和惩罚的内容中详细阐述,但在这里需要简单提一下,因为我们会在没有必要的情况下使事态不断恶化。

您坚持用眼神交流吗?我不是指一些学校的规则,他们坚持所有孩子都要时刻追随教师,大概是作为注意的一些指标。我说的坚持是指，在您和孩子们说话的时候，他们能够一直盯着您的眼睛。也许因为您认为这样做，听课的效果会更好，或者您想加深他们对讨论的严肃印象。对有些孩子而言，这样做可能令他们感到非常害怕，并且可能会不必要地增加局面的紧张感和压力。

如果我们认为孩子道歉的方式不恰当，那么在问题解决之前，会做一些类似的事情。"现在认真地再说一次！"这表明在我们觉得孩子表现出真诚的悔意之前，我们是不会停止的，即使我们处理此事的方式似乎不太可能做到这一点，我们无法真正判断他们是否有足够的悔意。在我看来，这样做更有可能产生相反的效果。

如果您想赢，那就意味着孩子必须输，这就是我说的满足成年人的需要的意思。孩子可能不太想输，特别是在公共场合。任何想赢或避免羞辱的渴望都只会使目前的情况延续下去。我们与所教孩子之间的关系不是一方得益一方受损，所以我们应确保不会出现这样的情况。

正如已故的乔·鲍尔所说：

> 当成人和孩子开始对话时，年龄上的差距造成了力量失衡。尽管有传统的智慧，但这并不是增加成人力量的时候。相反，我发现减少成人的力量，确保孩子觉得成人并没有把自己的意志强加给他们，是相当必要的。

成人擅长寻找解决一个问题的方案并强行解决它，而不太擅长想起这其实可能是两个问题，需要一个双方都满意且持久的解决方案。[2]

进一步讨论——问题和相关活动

- 我们的《员工行为准则》(Staff Code of Conduct)承认成年人的行为如何影响孩子的行为吗？还是专门针对着装规范和守时？是否需要更新以反映这一点？
- 在我们的员工入职培训中，有关于成人行为培训的章节吗？如果没有，我们需要增加什么内容来确保它被涵盖？
- 我们是否以某种方式明确向孩子们表达，情况发生后有一个新的开始？
- 对于那些认为学校是一个很难获得成功的地方的孩子，我们如何向他们表达我们的学校是一个安全和温馨的地方？如何向他们表明我们是可以信任的成年人？

注释

1 Porath, C. L. and Erez, A. (2010). "Are the Effects of Rudeness Real? Can Incivility Lead to a Spiral of Aggression and Tarnish a Culture?" *The Psychologist*, 24: 508 - 511.
2 Bower, J. *Solving Problems Collaboratively: The Ross Greene Approach*. http://joe-bower. blogspot. co. uk/2012/04/collaborative-problem-solving. html (accessed on 11 December 2017).

第四章
规则和期望

你运用的标准，就是你接受的标准。

——大卫·赫尔利(David Hurley)将军

澳大利亚国防军前总司令

本 章 要 点

- 规则和期望必须以一套清晰的价值观为基础。

- 规则和期望应该能创造一个安全且无干扰的学习环境。

- "不要做……"的规则和期望可能是不必要的，而且实际上可能会在不必要的地方产生冲突，从而成为阻碍。

- 与你的价值观一致的针对不良行为的行动比行动的一致性（即无论情况如何，每次都做同样的事情）更有效。公正对待儿童比平等对待儿童更有效。

- 我们所允许的、禁止的、强化的和忽视的，其对孩子们的影响远大于一套书面规则。

- "做……"的规则和期望比"不要做……"的规则和期望更有效。一份"不要做……"的清单必然是不完整的。

- 列出一个简单明了且令人难忘的规则和期望清单。

- 确保报告重点关注孩子们需要做什么才能获得提升。

- 确保报告为孩子们提供支持，帮助他们取得进步。

- 座位表可能是有效的，但前提是必须仔细考虑其结构。

我在综合学校工作的五年里，每一年校长都要求我和我的导师指导小组在九月份的第一节课做同样的事情。我的导师指导小组提出了他们自己的一套班级规则，这是一个教训。即使是作为一名没有什么经验的教师，我也知道我们正在做的事情完全是在浪费时间，并且怀疑孩子们也知道。每一次活动都是从我们被告知要提出多少条规则开始的——五条，不多也不少。这是一个好的开始。我们甚至得到了一张准备好的纸，把规则写在上面。纸上有荒岛背景，因为每个人都知道，让孩子们提出一套自己班级规则的最好方法，就是让他们想象自己被困在荒岛上。幸运的是，我们在孩子们有机会学习《蝇王》之前就这么做了。至少有两个原因说明这是一项毫无意义的活动：孩子们深受他们认为教师想听的内容影响，所以你会得到像"随时穿着你的外套"这样的规则。我们都知道，他们制定的规则在这所大型中学的其他教室都得不到保证。我们也只给了 30 名儿童一小时的时间来民主解决这个问题。像许多小学做的那样，即使我整周都在教这些孩子，那仍然是浪费时间，因为这样做是在没有任何关于构成规则基础的价值观讨论和共识下进行的。这一点经常被忽视，如果没有必要的价值观，就会导致武断或肤浅的规则，这些规则更多地与服从有关，而不是使你所在班级或学校的价值观变得鲜活起来。如果你想沿着孩子们制定规则的道路走下去，那就需要在贵校以明确的价值观为基础开展这个活动，像剑桥郡的斯宾尼（Spinney）[1]那样真正地做。斯宾尼认为，"照顾好我们自己、彼此、我们的学习、我们的学校、社区和世界，以及我们的未来"才是我们要走的路。否则，请小心避开，因为您只是在假装，这是一个浪费每个人时间的毫无意义的活动，和实际情况也不一致。

强化价值观

那些不受您和学校的价值观影响而存在的规则,可能会与您想要的课堂规则相矛盾。如果您重视包容和多样性,那么在不考虑相关孩子需求的情况下严格执行规则是没有意义的。这就是行动的一致性和与您的价值观一致的行动之间的区别。当校长走进教室时,所有的孩子都要站着,这是一项强制性规定。但当一个孩子坐着轮椅、无法独立站立时,这一规定就出现了问题。当然,在这种情况下您会破例,对吧?我希望那些坚持让孩子们用目光跟随教师的学校,能为像我女儿这样有视力障碍的孩子破例。对学校来说,这很容易调整,就像您会为一个做气管切开术的孩子做出调整一样,这样他们就不用把最上面的扣子系好。身体上的困难是可以被考虑到的,因为每个人(包括孩子们)都可以看到需要以不同方式对待这些孩子的明显原因,而这些原因不是孩子们的错。您会如此考虑那些不怎么显眼的需求吗?您是否愿意由于孩子们极强的感官敏感性而允许他们穿运动裤,因为穿校服长裤对他们来说极具挑战性,这使他们难以集中注意力。学校是否更可能认为这是孩子选择不遵守校规?这里需要更多的考核。您是否重视包容和多样性,并因此做出合理的调整以确保孩子的需求得到完全满足,不会无意中发现自己陷入困境?或者,您是否更重视每个人看起来都一样?这听起来可能很奇怪,但我们曾经允许一个孩子在他的肩膀上挂小豆袋。他妈妈把它们缝在他的 polo 衫上,因为它们提供了他渴望的感官反馈并让他平静下来。它们不会扰乱他的学习(恰恰相反),也不会影响其他人,所以唯一需要克服的障碍就是成年人的态度,要让成年人接受它的样子。如果我们对校服的痴迷无法应对这样的情况,就会处于令人遗憾的状态。这不是在提倡自由放任。符合学校价值观的行动几乎不可避免地会导致对孩子的区别对待,也就是说,公平地对待他们,但不一定是同样地对待他们。

这样,无论孩子身在何处,你都很可能建立一个促进成功和进步的学习环境,而不是仅仅以服从为目的,故意无视您所照顾的孩子们的不同需求和环境。这些教室和学校被孩子们视为安全的空间,在那里,他们的奋斗、失败、挑战和困难得到了保障性的支持和鼓励。

反 思 点

- 对您所在学校来说,什么样的价值观是重要的?

- 您所在学校有哪些规则?

- 您的规则与您的价值观一致吗?

在与您的价值观保持一致的同时,以不同的方式对待孩子的做法有点美中不足,即当这种情况发生时,其他孩子可能会感觉不公平。我们在第三章提到安珀,我们对待她的方式对她的一些同伴产生了影响。我记得我和一个十一年级非常坦率的女孩有过一次很好的讨论,她很纠结于我们对待安珀明显异于旁人的方式。有一天,她在操场上直言不讳地问我:"她为什么做什么都能逃脱惩罚?"作为一名教师和校长,我一直很乐意和孩子们讨论我们为什么要制定这些规则。我们进行了一次非常有趣的对话。我试图向她解释,在我们这所特殊学校里,鉴于孩子们有各种各样复杂的需求,我们要用不同的方式对待不同的孩子。我想这样解释是徒

劳的。我们应该准备好和孩子们谈论我们规则背后的理由；仅仅要求盲目服从是不够的，尤其是那些乍一看似乎很愚蠢的规则。即使我们打算向孩子们解释我们的立场，也并不代表我们在向他们让步或者表现出软弱。恰恰相反——如果我们不能用简单的语言向孩子解释为什么有这样的规则存在，那么就会使人对该规则存在的必要性产生怀疑。记得引言里提到的我刚当上校长时从前任那里接过的"禁止在操场上奔跑"的规定吗？我知道这很荒谬，我无法为任何人辩解。这也是一个无法强制执行规定的例子。孩子们可能会发现，仅仅玩得开心、保持健康、不做任何伤害他人的事情，他们就违反了校规。如果这条规定的实施是因为玩耍时孩子们很粗暴，孩子们在吵闹事件中受到伤害，那么有很多方法可以改善这些情况，但禁止奔跑不在其中。

反 思 点

- 您可以向班里孩子解释您的规则存在的理由吗？
- 这些规则试图解决或预防哪些问题？

您的界限在哪里

在我模糊而遥远的过去的某个地方，我一定听过本章开头引用的大卫·赫尔利将军的那句话或者它的某个版本。毫无疑问，它对我作为领导者产生了潜移默化的影响，因为当我经常说出"如果您对它视而不见，就等于默许它"时，对我的同事而言，我一定像一张反复播放的碟片。这同样适用于他们自己班级的其他教师，也适用于领导者，我相信赫尔利将军的建议最初就是为他们准备的。一套成文的规则和期望当然至关重要，但我们必须通过对不良行为的回应来实现这一点。我们教孩子们如何通过我们决定允许、停止、加强和忽略的事情去实现。在任何一所学校，所有孩子都被寄予相同的期望，他们通过自身经验，十分了解不同班级每位教师默许或禁止的内容。他们已经弄清楚了哪些教师会不断要求他们把手机收起来，但是这些教师为了避免对抗局面的发生，从来不会强制执行在学校看到手机则没收的规定。同样，他们知道哪些教师每次都会执行这条规则。最糟糕的是，孩子们很快就发现，虽然有些教师今天是仁慈的，似乎会忽略很多事情，但第二天当他们耐心耗尽时，对这些事情突然就变成了零容忍。

　　您的行为给班级孩子创造了最为重要的安全感。他们可以期待，也应该得到公平、可预见的回应，这种回应与先前提到的盲目一致性是有区别的。这种安全感对于那些习惯了学校外宽松或有漏洞的界限的人尤为重要。但是，您必须在正确的位置划定界限。如果您的界限过于严格，可能会给孩子们带来沮丧和不安。他们可能会因违反规则而陷入麻烦，而这些规则与维持一个安全、不受干扰的学习环境毫无关系。我最近听说的一个例子是有一所学校允许孩子们穿长袖或短袖衬衫。很好！然而，如果孩子们冒冒失失地卷起他们的长袖，就会发现自己有麻烦。这条规则在学校里没有立足之地。它的存在是因为我们错误地将孩子们的着装标准等同于高学术标准（我不知道牛津大学是如何应对的）。我们难道不能应对看起来不一样的袖子吗？通过这样的规则，我们可以在本来没有冲突和混乱的地方制造冲突和混乱。不幸的是，我们所走的这条"校服公路"是单向的，因为如果对校服的期望来个大转变，就会被许多人视为是对标准的破坏。每年都有新的校服限制——所有学生必须有相同的书包（这对失物招领处来说是多么可怕的噩梦）；现在运动夹克上有绲边了；裤子和裙子必须印有学校的标志；如果学生戴的贝雷帽后面比前面低（问题严重），学生将在放学后被留校。但我那个身为爱尔兰卫兵的妹夫即使在皇室阅兵庆典中穿着破旧的制服出现在女王面前，也没有什么问题。

您决定允许、禁止、强化和忽视的东西，都应该以创造和维护一个安全、支持性的学习环境为目标。在这个环境中，您可以进行教学，孩子们可以不受干扰地学习。您有没有不符合这些目标的规则？问一下自己下面的问题，然后决定这个规则是否值得坚持——这个规则是为了阻止或解决哪个（些）问题？

令我惊讶的是，今天仍然存在这样的规则，即当校长或某些学校的任何成年人进入教室时，孩子们必须站起来。最近我和支持这一规则的同事进行了一些有趣的讨论，他们认为这是对校长或成年人的尊重。我很难理解它是如何表现出尊重的，因为这是强制性的，如果孩子们不这样做，他们就会有麻烦。我认为这更多说明了权力，而不是尊重或学习。事实上，即使是很短的时间，每次有这种情况发生，必定会扰乱学习。想象一下，只是因为校长的到来，孩子们就必须站起来，导致孩子们正在尝试进行的物理研究中每30秒读一次温度计的行为被打断，错过了一个或多个测量值，或一首刚刚浮现在孩子们脑海中的诗失去了精彩的最后一句。虽然出于尊重，中断学习被认为是可以接受的，但是如果孩子们扰乱学习，我们却要保留惩罚他们的权利。这是一个明显的双重标准的例子，孩子们轻而易举地就能看出来。我一直认为，一个孩子在学校里表现出对成年人尊重的最好方式，就是尽他们所能努力地学习，能为他们的学校环境和同龄人考虑。

反 思 点

对您来说，低水平的扰乱是您沮丧的来源吗？如果是这样，您是否需要重新考虑如何划定您的界限？

- 您允许的；
- 您禁止的；
- 您强化的；
- 您忽视的。

可做的和不可做的

规则既可以作为期望以肯定的方式制定，也可以作为不可做清单以否定的方式制定。我刚当校长的时候，受到一些严厉批评，因为我大胆地说我不相信规则，我相信期望。事后看来，我试图传达的信息根本没有很好地表达出来，使一些人感到不安。我想表达但没有表达出来的是，一份不可做清单不可避免是不完整的。规则和期望应该以肯定的方式明确陈述，详细说明你想要的而不是你不想要的。"**在走廊里行走**"比"**不要在走廊里奔跑**"要好。您可能认为这只是语义的问题，但是"不要跑……"允许所有不跑的行为，包括跳绳、做蠕虫状或拖着脚走路。这种关于什么是被要求的而不是什么是明令禁止的的明确陈述，对一些有特殊教育需要的孩子来说，也是非常有帮助的（参见第十章）。这还有助于防止您陷入与那些断言"这并不是说我不能在走廊上漫步!"有一定道理的孩子的争论中。

让您的规则和期望清单变得简单明了对每个人都有帮助。例如,保罗·迪克斯(Paul Dix)倡导准备、尊重、安全。这很聪明,因为孩子(和您)很容易记住,您在需要的时候也可以直接参考。它还可以适用于那些存在必然差异的不同学科,如需要实践设备的户外活动课程、体育课,或如科学或戏剧等在室内上课等学科,并且同样适用于休息和午餐时间。低水平的扰乱是许多教师工作中常有的烦恼,它可以参照以下情况解决:这种扰乱行为不尊重班上的其他同学和教师,并且扰乱者也无法为学习做好准备。

线条或符号

在您教学生涯的某个时段,您很有可能曾经教过一些以某种形式报告其行为的人。事实上,如果您在一所学生行为特别具有挑战性的中学任教,在大部分课程结束时,您可能有源源不断的纸质或在线形式的报告要填写。行为报告是一个有趣的话题,它们详细讨论了如何从中获得最佳结果,以及它们看起来应该属于学校行为领导力这类书的内容,但在此确实值得提到一些。

您可能在一所学校工作,在那里报告是标准化的(更有可能是在中学),也可能自编报告(更有可能是在小学),但无论您在哪里工作,都需要考虑以下几点。

为什么要把孩子写进报告里? 报告通常用于对学生的不良行为进行回顾性分析,但是有时候报告的功能并没有经过深思熟虑。它可以被看作一种惩罚或羞辱的形式;将报告交给教师的公开化或被写入报告的简单行为可能被认为是为了鼓励孩子安排好他们的生活。我希望您能看到它既无效又有可能使局势恶化。报告应明确指出孩子行为的哪些方面需要改进，以及报告应监测哪些方面。在报告中徒劳地希望它会使孩子成为一个更好的人是行不通的。

它如何帮助孩子？ 如果报告仅仅是为了惩罚孩子，那它是毫无益处的。如果以能够帮助孩子专注于他们需要做些什么来改进的方式构建这个报告，那么它还有一些优点。由于显而易见的原因，标准化报告不太可能在这方面取得成功。我看到过一些非常有用、有效和结构良好的有助于个人行为的报告，它们看起来很像您将在第十章读到的工作计划。如果报告的存在只是为了监测，那么就有必要思考为什么孩子应该随身携带它。如果可以在线完成，那么就没有必要让孩子成为整天运送报告的工具。

需要改进什么？ 一份只问孩子表现是否良好的报告太模糊，注定会失败。如果一个孩子在过去一个小时里表现得很好或很坏，这些报告中就会到处充斥着微笑或皱眉的表情符号。当然，每位教师对好与坏有不同的判断，报告中的孩子有时会被使用与其他学生不一样的标准。好的报告明确指出了哪些是需要监控的，例如，上课准时、教师讲课时说话或使用粗言秽语。在其他方面，对这个孩子使用的标准和班上其他学生的一样，不需要更密切地监控。我刚当校长时，我们的报告系统就具有这样的特点。这被称为"线条"或"符号"：如果表现不够好，就在方框里画上一条线；如果表现好，则由教师画个符号。在任何一天的任何一个方框里有一根线条，都意味着这个孩子第二天早上要去见校长。比如，一个孩子可能因上课迟到名字旁被画了一条线，尽管事实上，他是因为其他原因出现在报告中。但是，第二天早上，他必须去见校长，而班上其他迟到的人却不需要去。

针对孩子的报告要做多久？ 有些孩子似乎一直在报告里。如果没有任何改善，质疑任何策略的有效性是合情合理的（请参阅下文有关支持的内容）。比如，每隔两周进行一次审查是个好主意，但如果什么都没有改变，只是一味地继续下去而不考虑采取什么不同做法，那似乎是徒劳的。

报告背后有什么支持？ 报告本身不会改变行为。这也许能帮助孩子看到他是如何改善的，但这种改善将通过成人给予孩子的支持来实现。如果您决定将一个孩子列入报告，那么这个决定的一部分必须包括成人将采取哪些措施来支持孩子改善其行为。

您为什么要提供奖励？ 报告的一个共同主题是用奖励来激励孩子改进其行为。您会在第五章读到更多关于我对奖励的看法，因此在此不详细介绍。但是，在下一章，您将了解为什么我确信这方面的报告完全是浪费时间。

您为什么使用惩罚相威胁？ 虽然不如在报告中奖励孩子取得的进步那么常见，但惩罚仍然是一种正在使用的策略。如果一个孩子没有达到报告中的最低标准，比如一天之内得到两张以上皱眉的脸，就惩罚他第二天推迟吃午饭。孩子已经因为特定的原因被写入报告，所以这样做只会使问题更加复杂。使用这种策略背后的逻辑似乎是进一步惩罚的威胁能将孩子的思想集中在改善其行为上。这是一种非常肤浅的想法，对促进孩子改善行为没有任何帮助，还可能造成阻碍。

您让父母参与了吗？ 报告可以是一种让父母积极参与改善孩子行为的方式。现在许多学校使用在线系统来监控学生的行为，它开放部分权限给家长，以便他们能看到孩子的信息。如果设计得好，这一功能将非常强大。同样，纸质报告也可以每天被孩子们带回家，尽管它们被孩子们在回家的路上扔进垃圾桶的可能性比当天成功交到家长手中的可能性更大。精心设计的报告还能让家长在家中开始富有成效的对话。"今天下午艺术课上发生了什么事？"比"今天过得怎么样？"更有可能触及问题的核心。

虽然报告可以并且被很好地用来帮助孩子们改善行为，但是这些报告往往是考虑不周且在下意识反应下迅速做出的。仔细思考您想要达到的目标以及您将如何支持孩子达到这些目标，是一个良好行为报告的基础。

精心设计的座位表

精心设计座位表是营造积极课堂学习氛围的有效方法。但是，如果将孩子们不假思索地放在一起而不考虑您面前的孩子是谁，座位表的效果可能会降低。座位表的基本原理是，通过让那些选择坐在一起的孩子保持一定距离，您可以帮助他们避免分散彼此的注意力，从而帮助孩子们最大限度地减少低水平的干扰。这是基于以下假设：孩子们会和他们的朋友坐在一起（当然），这将不可避免地导致混乱，但混乱不一定会发生。正如我在引言中提到的，我设计座位表的方法是让孩子们对选择坐在哪里负起责任，并表示他们可以做出这样的选择。我一直明确地告诉他们，我保留在没有任何通知的情况下让他们坐到指定位置的权利。虽然我偶尔也会让孩子们坐到我为他们选择的座位上，但在大多数情况下，对所有相关人员来说，这个方法效果很好。

在事先没有见过孩子的情况下，任何仅凭班级名单制定的座位表都不会持续很久。如果不小心，您可能还会无意中让一些孩子处于不利地位，比如我前面提到的那些有视力障碍的孩子：我女儿因为视力问题不得不坐在前排，但她的姓氏在字母表的后半部分，所以按字母顺序排座位的话，她会坐在更靠后排。男孩、女孩、男孩、女孩的组合只有在男女生数量相等的情况下才有效，而且与自由选择相比，这种组合的随机性更不能保证良好的行为。

座位安排也是课堂设置的一种手段，我发现这种方法在小学更常用。这对教师和助教来说可能很方便，但是孩子们领会了这些分组表达出的很多意义。引用我女儿的话："我喜欢瓢虫，但我真的想成为蜻蜓，因为它们比我们做得更好（有趣的词）。"引用我儿子上小学时候说过的话："我坐在数学第二的座位上。"基于这样的观察，孩子们会对自己、同学以及他们的相对重要性做出有趣、有时甚至是令人担忧的假设，我们必须确保我们不会在不经意间向他们传递这样的信息：有些孩子不那么重要或更重要。当孩子们移动桌子时，这种分组会产生意想不到的后果。想象一下，如果我的女儿没有"上升"（她会这么说）到蜻蜓，而是"下降"（她会这么认为）到蚱蜢那里，那该怎么办？试着让她相信那不是降级。

规则和期望的存在是为了帮助教师创造和维持一个良好的教学环境，从而让孩子们可以学习。要做到这一点，孩子们必须不会受到其他孩子的伤害或伤害的威胁，不会在他们有限和非常宝贵的学习时间受到干扰。任何不能帮助创造和维持这种环境的事情，都是您无须做的额外工作。事实上，不必要的规则可能会在那些不需要它们的地方造成混乱和冲突。那些孩子们发现自己因为在被训斥后说"好"而陷入麻烦，或孩子们在学校被要求遵守比对成人还高的行为期望标准的情况，对于您想要和渴望的学习环境都是一种干扰，应该丢弃。让您的规则和期望简单、积极和直接，您就有最好的机会创造您想要的环境。

进一步讨论——问题和相关活动

- 学校的孩子能背诵我们的规则吗？如果不能，是否需要简化？

- 我们的规则是否足够人性化，能够为有特殊困难的孩子做出合理的调整，比如某些特殊教育需要？

- 我们是否强制执行座位表？这样做时，我们为教师设置了哪些参数标准？

- 我们的座位表是否向学生传达了有关他们与同龄人相比的能力信息？

- 我们认为学校的报告系统有效性如何？它是否关注需要改进的地方？

注释

1. "The School That Can Fit Its Rules onto One Hand", *The Guardian*, 20 October 2011. www.theguardian.com/education/2011/oct/20/school-i-would-like.spinney (accessed on 11 December 2017).

第五章
动机与奖励

孩子们应该把成功和失败作为信息，而不是奖励和惩罚。

——杰罗姆·布鲁纳(Jerome Bruner)

本 章 要 点

- 认可良好的行为比奖励良好的行为更有效。

- 认可进步比认可成就更有效。

- 确保迅速得到家长的认可。

- 提供奖励会助长利己主义。

- 提供奖励传达了这样的信息：为学习本身和良好行为本身付出努力，是不值得的。

- 公开奖励排名弊大于利。

- 学习应该成为一种有回报的经历。

- 学习不一定是有乐趣或令人兴奋的。

- 孩子们必须认为学习环境和成人是安全可靠的。

- 内在动机比外在动机更有效地影响良好的行为。

- 内在动机（做某件事是因为它是应该做的）的特征是：

  ○ 对知识的渴望；

  ○ 成就感；

  ○ 自我满足的活动。

- 外部动机(鼓励行为的因素,这些行为是达到目的的手段,而不是为了自己)的特征是:
  - 获得某物(例如奖励)或逃避某事(例如惩罚);
  - 规则或者任务的存在驱动遵循规则或完成任务的行为;
  - 被重视的规则或任务。
- 外部动机可能导致为了获得奖励或避免惩罚而完成最低要求的事情。

阿尔菲·科恩(Alfie Kohn)在他的《奖励的惩罚》(*Punished by Rewards*,1993[1])的前言中,讲述了他在大学里开展的一项研究。在这项研究中,被关在笼子里的饥饿老鼠发现,每当按下一根小横杆,它们就会得到大米脆饼的奖励。在科恩的叙述中,有一个非常吸引人的突然转变。他在项目报告中总结,老鼠"训练了一名大学生早餐喂养的行为"。这一结论的确很有趣,但是科恩利用它提出了一个非常有力的观点:我们爱上了现代行为主义。也就是说,我们喜欢这样一种观念,即通过实施"做这个,得到那个"的技术,可以获得好的行为。我们如此热爱它,以至于当我们试图鼓励良好行为或改善不良行为时,它已成为我们的默认策略,但我们看不到它的局限性。从本质上讲,它是基于这样一种世界观:激励人们做事的最好方法是提供奖励,如果没有奖励,他们的动机会直线下降,完成手头任务的可能性就会大大降低。奖励的使用将不良行为简单地描述为动机问题:孩子总是被认为是有预谋地选择不良行为,可以被激励去遵守行为规范。它与做有关,与学无关。"做这个,得到那个"不等于"做这个,学习那个"。你可能会说，为了学习，孩子们必须先按照教师的计划去做，但这种"胡萝卜加大棒"的方法只会助长孩子们的利己主义。每次我们给孩子们写报告的时候，都会去看报告卡底部的方框。如果孩子们在一天或一周结束的时候得到了足够的钩、金色星星或笑脸，他们面前就会悬挂一张方框里充满这些奖励的报告卡。我们总是第一个想到它，这是有原因的。坦白地说，大家都知道我们使用奖励的原因之一是它们简单易行：只要想出一些诱人的东西，将其放在孩子们面前，然后期待他们的行为有所改善。它需要我们思考的并不多，但至关重要的是，这是它的致命弱点，除了提供奖励，我们什么也不需要做，不必改变或用其他方式做事情，这就是为什么它不能有效地改变行为。科恩花了300多页的篇幅来阐述各种形式的奖励，我就不再赘述了。您可以自己阅读这些文章，判断孩子们是否真的会受到奖励的惩罚。我要谈谈我们对动机的理解、奖励的使用，对使用奖励背后的想法思考得多么少以及使用奖励的消极效果、无效或充其量是短期的表面效果。

在这一章中，请您认真思考所教孩子的动机以及您在日常工作中如何使用奖励——努力贴纸、教室墙上的公开展示、Vivo积分、手写钢笔证书等。请思考内在动机（做某些出于自身利益考虑的事情，是因为这是应该做的，还是因为它是令人满足的）以及外在动机（只为了得到奖赏或避免惩罚而做某事）（详见第六章）。我认为，正如布鲁纳所说，是孩子们得到的认可（其中包含的信息）会产生变革性效果，而不是摆在他们面前的奖励。它也不是什么宏大的公众认可，那是教师们通常会采用的手段，因为他们认为公开表扬一个孩子会激励其他孩子也这么做——也可能不会。此外，奖励将人们对认可的注意力转移到其他地方，消除了认可的影响（请参阅下面关于成绩比较和意见反馈的部分）。我也希望您思考一下，哪些人在你们目前的奖励体系中出现的频率高。我怀疑有两类人：一类是在学业上取得优异成绩的孩子，他们的行为在任何制度下从来不是也可能永远不会是问题；另一类是您正在努力改进其行为的孩子，您最有可能通过抓住最细微的顺从或合作的征兆鼓励他们表现良好。

我的立场是，任何支持班级积极行为的制度都必须认可进步。事实上，我还要进一步阐述——认可进步比认可成就更重要。每年八月，英格兰的地方和全国性报纸都会在头版刊登一排排青少年的照片，照片中孩子们做出拙劣的刻意安排的跳跃动作，手握一捆捆毫无疑问成绩是 A+ 和 A 的试卷。可是我的思绪总是转向那些克服了严重学习困难，努力学习并为自己取得的成绩感到自豪的孩子。相比之下，其他人可能觉得他们的成绩很差。第一章提到的帕特里克在普通中等教育证书（GCSE）的数学和科学测试中获得了两个 F，鉴于他严重的读写和行为困难，这对他来说已经是巨大的成就。在学校里，我们可以庆祝他们获得的成就——认可一个年轻人在短时间内取得了长足的进步。他已经从一个拒绝学校，认为学校里充满攻击和虐待，固执地认为学校是不安全的、没有回报的地方的人，变成了一个可以在学校里再次感到成功的人。哪个值得更大的认可，是 12 个 A+ 还是 2 个 F？当然，我们会说这取决于具体情况，但我担心几乎所有的奖励制度都会对此视而不见。在为教师提供的行为培训中，当您真正需要做的是发现他们更好时，可以常常听到"发现他们表现很好"这句话。

　　我很幸运能够参观许多学校。大部分时间,我去参观这些学校是因为我们被要求考虑让一个孩子入读我们的学校。偶尔,这些参观是针对中学的,在那里,一名孩子可能处于崩溃的危险处境。这通常是因为孩子的行为已经是学校不愿意接受的,而我们学校被认为是一所更合适他的学校。最近,我在一所中学花了一下午时间和九年级学生一起上了一节课。教师走了进来(跟在孩子们后面),说的第一句话是:"如果你们今天下午能够安静,你们就会得到很多积分。"

我立刻从座位上转过身，面向全班同学，这完全是出于对即将发生的事情的好奇。这所学校与其他许多学校一样，实行一种由外部公司设计积分制的奖励制度，根据孩子在学校的行为、学业和出勤率（想象一下，如果因为生病而受到惩罚）等方面的表现给予相应分数。这些分数累积后，可以从该系统所在公司的网上商店兑换奖品。

你可以看出，教师的开场白为接下来的课堂定下了基调。坦率地说，他并没有指望孩子们在没有贿赂的情况下能表现良好。他甚至没告诉孩子们这堂课要讲什么，因此他没有给孩子们机会来决定这堂课将是无聊透顶的还是令人惊喜的。事实证明，这是那些课的其中一课。在那些课堂上，一旦教师停止说话，班级学生就会不断填补这个空白。教师在继续上课之前，不得不反复要求学生安静下来并保持安静（但在上课结束时，我并没有看到任何学生得到积分奖励）。这就是我们带着闪亮的奖励经历过的事情。从货币的角度来看，它们与之可能价值相当，但它们的价值恰恰为零。它们的使用传达了一个清晰的信息，上面那位教师大声而清晰地传递了这个信息：这项学习任务是需要忍耐的；为了学习任务本身去完成它没有任何意义，为了让它值得你去做，所以给这个苦差事加点甜头。它根本不起作用。

奖励——助长利己主义

我对奖励主要有三点担忧。首先，他们传达的信息是：为学习本身和良好行为本身付出努力，是不值得的，只有在为了获得某种回报的情况下，才变得有价值。其次，我担心奖励会滋生自私的心态。"这对我有什么好处？"成为需要回答的问题，这是在孩子接受您的计划之前要通过的一项测试。这是不对的。它建立在我在前言中提到的一个假设之上：孩子完全有能力做这项任务或表现良好，他们只是选择不这样做，因此奖励的做法可以激励他们去服从。要是生活如此简单就好了。最后，我强烈怀疑它们分配不公（这里绝对不是指"所有人的奖励"）。我迫不及待地在这里发表意见，不是指责这个行业歧视。我担心的是，我们可能会自然而然地倾向于奖励那些总能获得 A$^+$ 的孩子，而不认可那些根据他们先前的成绩被预测能获得 G 最后却达到 E$^+$ 的孩子。当我教普通中等教育证书科学课程时，我曾和一位高级管理者进行过一次交谈，这次交谈使我对此产生了思考。他们的要求是"你需要让盖伊（Guy）从 E 级升到 C 级"（C 级是一条要跨越的神奇界限）。我的心沉了下去，因为根据盖伊关键阶段 3 的 SAT 成绩，他被预测处于 F 级。这并不是说，我认为盖伊应该满足于他已经获得的成就。但是到目前为止，他取得了坚实的进步，确实应该得到认可。他当然不应该承受觉得自己又失败了的压力。不管我的上司怎么想，盖伊拿到了 E，这对他来说是巨大的成就。

要清楚奖励和孩子因所做事情而得到认可之间的区别。重申本章开头的观点，是认可，尤其是对进步的认可和传递给孩子们关于他们进步的信息，可以导致行为的持久改善。

我们来看一下学校里使用的一些比较常见的奖励。

努力贴纸——小学最爱使用的奖励，尤其是针对年幼的孩子。也许您会用这些？它们与奖励的事情真的匹配吗？它们真的认可努力吗？或者，您正在以某种间接的方式认可那些不能代表努力的成就或能力？在每周的拼写测试中，满分真的代表为此付出的努力吗？这是否会让那些从每周做对 1/10 拼写题上升到每周做对 3/10 的孩子黯然失色？您这里认可努力、成就或进步吗？为了与我上面的观点保持一致，您可以认可努力，而努力当然是值得认可的，但您真的必须公开展示它吗？您黑板旁边的努力贴纸图表整天都在展示，它是您班上孩子的公开排行榜。总会有人排名处于这张贴纸图表的最后面，他们知道尽管自己和班上其他人一样努力，但是排名还是在最后面。

这根本没有任何价值。为什么要展示？如果有人认为那些贴纸少的人会在竞争中努力赶上来，那就在教师身上试试同样的方法，看看能坚持多久。您能接受在教工办公室里有一张教师的努力贴纸排行榜吗？或者把这份排行榜放在你们的接待区，让来访的人看看？我们当然会说，这将打击员工的士气，但我们每天都在毫无顾忌地对孩子们这么做。认可努力或者任何您认为对学习有价值的事物，但要认识到在您开始公开展示总数并将其转化为某种竞争时产生的局限性和弊端。关于约束和惩罚，在第六章写到当我们因孩子们的不良行为在黑板上写下他们的名字或使用行为交通信号灯系统时，将再次提及。

积分意味着奖品——中学最爱使用的奖励。积分奖励针对各种各样的事情，比如良好的行为举止、出勤率（这似乎是对生病的一种惩罚，见下文）、获得的荣誉、作业完成率以及作业完成质量。我希望上面的故事让您明白这些积分系统的局限性以及它传递的明确信息——这些事情本身不值得做。当我提出这一点时，教师们的普遍反应是："那些每天都在做正确事情的孩子怎么办？他们肯定会因此得到奖励吗？"我重申我之前的观点：你需要发现他们变得更好，而不是因为他们表现好而奖励他们。再想想布鲁纳的观点：重要的是认可，而不是最后的 20 英镑代金券。

100％出勤率奖励——做过这种事情的请举手。我以前经常这样做。但是有一次，一位家长问我为什么要因为孩子生病而惩罚他们，我回答不上来。所有学校都想鼓励尽可能高的出勤率，这没有什么错。但把不生病看作对某人的奖励就太过分了。这种情况进一步延伸的意思就是，身体不适的人在某种程度上要为自己的健康状况负责，如果他们态度更好一点，他们本来可以上学的。想想这个系统对谁最不利：白血病孩子，代表学校参加足球比赛手臂骨折的孩子，从学校的另一名病毒携带者那里感染病毒的孩子。携带病毒的孩子没有生病，在全校师生的晨会上获得了出勤率100％的证书。这公平吗？一点也不。

手写钢笔证书——许多小学都有这种证书，当教师判定孩子的书写已经达到一定的流畅、快速和清晰程度，并且可以从用铅笔写字过渡到用钢笔写字时，就会颁发这种证书。它们是最无效的外部动机的一个具体例子（见下文），我从来没有完全理解为什么会存在这些转折点，因为它们似乎在惩罚那些有精细运动控制问题的孩子。对孩子们来说，流畅、清晰、速度均匀地写字显然很重要，但是这种情况可能会因为韧带松弛而受到影响（出人意料地普遍），他们很容易疲劳且很难保持恰当的姿势（写好字的关键因素出奇多，而我在去特殊学校工作之前，对此一无所知）。当我的儿子和女儿还在上幼儿园时，他们就将获得证书的角逐带到我面前。他们经常告诉我又有一位同学获得了证书，但他们仍然没有拿到。我不明白。为什么钢笔比铅笔好呢？有些孩子在纸上写得像印刷体,而不是写草书。虽然流畅性、速度和清晰度很重要,但是工具和方式不应该占据那么重要的地位。

为了表现良好而禁止学生参与一些课程——对此要非常小心。你是否在传达这样的信息:任务和学习会阻碍自由选择和黄金时间? 当您班上的大多数学生都在操场上玩,而有三四个学生被留下做数学题,就是这种情况。这个做法的另一面(将在第六章关于惩罚的部分再次提到)是威胁孩子,不让其参与愉快的课程活动——"如果你不这样做,你就不能游泳。"这是一个很大的禁忌,因为您把孩子有权使用的东西作为讨价还价的筹码。

不可能完成的任务——某些奖励制度把一些孩子放在无法获胜的位置。如果武断地设置奖励的标准,则可能会处于这种危险之中。100%出勤率的奖励就是这样一个例子,也就是所谓的"要么成功,要么失败"的情况(见第二章)。武断设定标准的危险在于:一些孩子会轻松超过这些标准,而另一些孩子可能觉得自己是不可能获得奖励的。如果您判断自己没有机会获得奖励,那么很容易看到自己的动力如何减弱。我遇到过的一个特别令人震惊的例子是,普通中等教育证书考试后参加十一年级毕业舞会的条件是孩子们获得一定数量的积分。我可以确定一些孩子将无法达到积分门槛,另一些孩子则会轻松达到。这是一次拙劣的尝试,目的在于激励一些孩子提高学业水平,但有些孩子是无法达到的,因为如果孩子们都达到,那么积分门槛会被认为太低了。我感到非常不安的是,竟然有学校会将此作为参加毕业典礼的条件。这只会激起怨恨。在此,我重申本章的主要观点:认可进步才是关键。孩子们不可避免地会有不同水平的起点,考虑到这一点很可能避免不公平的感觉,正如所有教师都知道的,孩子们确实非常非常地敏锐。我知道，如果只是因为我在学校生活某些方面的不足而被阻止参加学校聚会，我会感到不公平。

学习评价的比较

保罗·布莱克（Paul Black）和迪伦·威廉姆（Dylan Wiliam）1998 年出版的开创性著作《黑匣子里》（*Inside the Black Box*）[2]在很大程度上推动了教师对形成性评价（也称为学习评价）的使用（用于促进儿童学习的评价，而不是用于认证的终结性评价，如考试；或根据级别和分组，或整个学校的问责机制，对儿童进行排名，如六年级的 SAT 测试）。推动形成性评价这项工作的部分原因是：承认使用等级、分数或百分比"会产生负面影响，因为当给予学生分数时，会忽略评议的内容"（Butler，1998）[3]。我们没有利用这一点来了解如何改善行为，但我们应该这样做。等级，无论是 A 还是 G，都只是一种陈述，没有关于如何提高的建议。它和 Vivo 点、巧克力棒或黄金时间一样，使人们转移了注意方向，否定人们对良好行为的认可。您对孩子行为进行反馈时，请考虑这一点。在给予反馈时，要含有布鲁纳的信息内容，使它成为这个过程中最有力、最重要的部分。更有价值的是，让孩子们清楚地了解他们在哪些方面做得很好，现在需要做什么来改善，最关键的是，如果他们需要您的支持，您如何帮助他们再次取得成功。

布莱克和威廉姆还明确提出："为了有效，反馈应该引发思考。"您可以看到，这对于改善行为也是合适的。告诉孩子们他们的行为是不可接受的和他们需要做什么来改变是一回事，有能力帮助他们思考整个过程是另一回事。这非常符合第七章中描述的修复性做法的精髓。一些主要问题，比如"如何纠正这种情况？"
"谁受到了影响？"以及"他们是如何受到影响的？"对孩子来说，回
答起来可能会很困难，对你来说也会很费时，但从长远来看，它比
"你错了，现在就道歉。认真道歉。"要有效得多。

最后，布莱克等人（Black et al.，2002）得出结论，儿童必须从
"成为教师提供的知识的被动接受者转变为能够对自己的学习负
责，管理好自己的积极主动的学习者"（第 10 页）[4]。换言之，我们都
希望学校里的所有孩子不再是教师对他们好或坏的行为的奖励和
惩罚的被动接受者，而是要对自己的行为负责，管理好自己的孩
子，这样做才是正确的。

和家长分享好消息

认可良好行为或行为的改善是至关重要的，但如果我们不抓
住机会与家长分享好消息，我们就会错失一个机会（详见第八章）。
要知道，对一些家长来说，手机上闪烁的学校电话号码让他们充满
恐惧。这可能意味着一件事："您能来接您的孩子吗？ 他今天早上
的行为让人无法接受。"我曾经与一个家庭相处，他们说他们的中
学经历就是这样一个循环：母亲把哈利（Harry）送到学校，然后回
家等电话响，几乎每天都是这样。您能想象那样的生活吗？ 这就
是为什么向家长传达好消息是一件重要的事情。从学校到家里，
持续进行积极的对话始终是一件好事。它给家长带来了信心，也
让孩子们知道学校和家长是互相沟通的。打个电话，寄张明信片
给家长，在记事本上写个便条，发封电子邮件，无论以哪种方式，对
您和家长都有效，但要确保您做了。

让同事参与进来

您在第二章读到了当我们忽视积极因素而关注消极因素时会产生的错误思维。与同事分享好消息可以帮助我们克服这种思维。这在中学尤为重要，因为在中学，一个孩子会有许多不同的教师。围绕那些孩子的描述可能会给他们贴上"有行为问题"的标签（也在第二章提到）。分享事情进展顺利的情况，特别是对那些认为学校可能是获取成功最具挑战性的地方的孩子来说，是极其重要的。

内在动机

我在面向学习困难儿童的特殊学校已经工作了十多年，看到他们中的数百人天天努力掌握许多同龄孩子无须有意识努力就能掌握的东西，比如写下他们的名字、背诵100的数字组合或系鞋带。他们每天都以积极的心态出现，咬紧牙关，全力以赴，这给我留下了深刻印象。您需要多长时间放弃一些东西？在您认为某些东西不值得这么痛苦和心痛之前，您会经历多少挫折？顺便说一句，当我读到当前的成长趋势和坚韧不拔是通往一连串 A$^+$ 等级的途径时，我总是会想到那些学习困难的孩子——这些孩子是我所认识的最坚强的人。还请记住，对我们的孩子来说，前一天似乎学到的一些东西第二天却令人沮丧地消失了的情况并不罕见。有一种合理的假设是，这些孩子发现这是一种非常令人恼火的经历，以至于他们在一段时间内干脆拒绝继续下去。我知道我也会这么做。在我的杂物箱里放了四年的 CD《在车上自学德语》（*Teach*

Yourself German in the Car）就是一个明证。孩子们上课的教室以及他们正在随之学习的教师对孩子们到底意味着什么，能让他们在不断的挣扎、挫折和失败感中坚持下去？

首先，孩子们认为这些教室和教室里的人是安全的。孩子可能对您想说的任何话题都产生强烈的兴趣，但如果环境不合适，或者孩子认为存在某种程度的威胁，就很难开展学习了。您以前可能从来没有这样想过您的教室或者您自己。在我当教师的头几年里我也没有这样想过。我现在和很多孩子相处，他们因为自己的行为离开了其他学校。他们通常会这样想，按照以下思路展开一种叙述，进行这样的内部对话：

- 教师和教室不安全，因为：
  - 有人给了我做不了的任务。
  - 当我做不到的时候，我就会受到惩罚。
  - 我仍然不能做这项任务。
  - 你们迟早会放弃我。

他们的逻辑是以他们自己的方式退出以保护自己，这对他们来说更安全。既然他们可以控制抛弃发生的方式和时间，为什么还要等待不可避免的抛弃呢？

以我的经验来看，缺乏安全感是与我相处过的许多孩子的主要问题。他们发现在学校里很难成功，正如我在第一章中说的，我们非常努力地工作以确保孩子们知道我们是为了了解他们，而不是抓住他们的错误。有时我们会明确地对孩子说："我们不会放弃你。"如果这种安全感已经建立起来，请记住，是对绝大多数孩子来说它已经建立起来了，那么您就成功了。正如梅勒妮·克罗斯（Melanie Cross）在她的优秀著作《有社交、情感和行为困难与沟通问题的孩子：总是有原因的》(Children with Social, Emotional and Behavioural Difficulties and Communication Problems: There Is Always a Reason)中所说："在学习过程中，一个人正在暴露自己的无知，如果在没有安全感的情况下，学习是不可能发生的。"（第154页）[5]正如玛丽·迈亚特(Mary Myatt)描述的[6]，在高挑战或低威胁的环境中，孩子们认为他们的成绩和学习是令人满意和满足的。对他们来说，学习是一种有回报的经历。这种满足感或成就感驱使他们产生内在的学习动机，并以多种不同的方式表现出来：

• **求知欲**——很难准确地确定这一点的来源，但我们每个人都有令自己着迷的主题，有时没有明显的原因。我儿子目前正在研究第二次世界大战，他的兴趣因听到关于他曾祖父的故事而高涨。昨天他在学校里学习了有关纳粹集中营的知识，回到家后得知他的曾祖父曾经在战后帮助清除了一个集中营。因此，我们家里关于这个话题的问题层出不穷——他总是不停地问。

• **成就感**——孩子们觉得自己一直在稳定地进步；他们在这个话题或主题上取得了一些进展。这使他们能够应对这方面的挑战，相信他们有足够的知识和技能取得更大的进步。一个特别令人满足的例子是，曾经被认为不可能的事情变成了可能。您还记得您第一次独自游泳、第一次在没有稳定器的情况下骑自行车、第一次计算二次方程的根时的那种模糊感觉吗？我想知道，作为成年人我们是否有时会忘记这些情景所产生的神奇感觉？丹尼尔·米杰斯和大卫·雷诺兹(Daniel Muijs and David Reynolds, 2011)[7]注意到"成就对自我概念的影响强于自我概念对成就的影响"。也就是说，成就是动机的驱动力，而不是相反。这不仅仅是态度或心态的问题。

● **孩子们认为这种活动本身令人满足**——游泳和其他感官活动就是很好的例子。但是只有当您的能力达到一定水平时，才可能出现这种情况，如果您不会游泳，那就根本不可能从中获得满足！我讨厌高尔夫球就是因为这个原因。我喜欢很多运动，乐于尝试大多数运动，因为我知道我的手眼协调能力和身体素质还算不错，可以帮助我渡过难关。不过，在打高尔夫球上，我和马克·吐温看法一致。它需要一种我没有的能力，具备这种能力要靠时间和精力。每当我看到孩子们努力激发动机去解决他们一直在做的似乎是永恒的英语或数学问题时，我就会想起这一点。

这项任务对孩子来说具有内在的价值，这是问题的核心。完成这项任务不需要物质诱惑。因为它本身的缘故，无论多么困难（这就是毅力出现的地方），努力都是值得的。

我很少提及的影响内在动机的一个因素，是孩子的能动性或自主性。这是因为在学校里孩子们的自主性明显不如在学校外高，但这是值得牢记的一点。在我们的学校里，孩子们几乎没有真正的选择，但也不是完全没有。比如说，他们可能在艺术方面有一些选择，但他们很可能是在教师或考试委员会指定的主题范围内学习。作为一名科学教师，我认为我几乎没有给我所教的孩子自主权。课程是由别人设置的，我做出相应的针对性调整，决定如何以最佳方式教授我的课程。随着孩子们年龄的增长，我们给予他们少量选择，允许他们在九年级左右选择选修课（在某些情况下不考虑选修课）。虽然针对 A⁻ 水平 16 岁后的课程可以进行全范围选择，但由于考试的原因，课程设置仍然是强制性的。值得思考的是，能动性是内在动机的一个因素，而学校里的孩子几乎没有它。

学习一定是有乐趣的吗

学习不一定是有乐趣或令人兴奋的。我看到一条提供给教师的建议：作为防止行为问题的产生和增加积极性的一种方式，学校活动应该是有乐趣的。这条建议被误导了。学习中产生的任何乐趣都是副产品。请不要误解我的意思。这是一个受欢迎的副产品，但它既不是计划学习时要达到的目标，也不是学习的必要结果。它只是一条建议，导致人们试图通过孩子最喜欢的体育运动、电脑游戏或纸牌游戏等来讲授教学主题；这些都是外在动机因素，而且效果非常糟糕。您应该能够看到那些听从这条建议的教师的工作变得多么艰难；要么全班都要忍受精灵宝可梦（Pokémon）算术，因为您正在努力使学习数学的那个孩子对这些着迷；要么教师必须提供大量不同的资源以满足孩子们不同的兴趣。这两种方法都不会让您在学习和行为上获得更好的成果。不过，它们肯定会增加您的工作量、复印量、覆膜预算以及疲劳度。

外在动机

外在动机是鼓励行为的因素，这些行为是达到目的的手段，而不是为了行为本身，但它并不仅仅局限于具体事物的奖励。当内在动机枯竭时，外部有很多方法激励人们去做某事或以某种方式行事。

• **最基本和最低效的行为是由外部奖励或惩罚来调节的——**这些是经典的"获得或避免"情况。在本章前半部分，我已经讨论过奖励的"获益"部分，所以我希望您能看到这种激励方法是多么有限。这个更消极的"避免"方面是仅仅为了逃避某些事情[诸如约束（sanction）或惩罚（punishment）（威慑效应）]而表现好的压力。教师们对此有很多看法：有的认为我们应该以一个孩子为典型，以便对其他孩子起到威慑作用；有的认为严格的规章制度将阻止孩子们做出不良行为。在多年的教学生涯中，我从未相信这是真的。我坚信许多孩子每天都在做正确的事情，因为这样做是正确的。正如我之前所说，这种形式的行为压力与服从有关，与学习无关。在这种情况下，你可以看到孩子可能只会做最基本的事情，尽力避免约束。如果他们只是想逃避后果，他们就不太可能为了做到最好而将自己的一切都投入到学习任务中。

- **在简单的奖惩水平之上，孩子可能因为任务或者规则的存在而被激励去执行任务或遵守规则，如果不做他们就会感到内疚。** 奖励或惩罚的存在并不重要，因为这是一种自我施加的遵守、完成任务或坚守规则的压力，它才是促使人们有良好表现的动力。然而，如上所述，活动的目的、涉及的学习或获得的满足感都无关紧要。"好学生在晨会上安静地坐着。我想成为一名好学生，所以不管晨会是关于什么内容的，也不管晨会有多无聊，我都会静静地坐着。"我相信会有很多这样的情况发生在学校孩子的身上，我 16 岁之前的学校生活几乎都是这样的。

- **除此之外，一旦孩子开始看到校规或任务的好处，他们就开始重视**——这项任务让他们更接近他们想要达到的目标。例如，为了成为一名飞行员而在数学课程中获得 A 级，取得一定等级的分数以确保去医学院就读，或者为了成为第 15 届橄榄球队中的一员而进行日常训练，这些对孩子们来说，是有价值的。取得进步在这里同样适用。他们可能实际上并不喜欢这门课，但他们知道这是实现未来志向的关键。它有价值，但不是内在价值。

反 思 点

想想您正在任教的一个班级和您正试图和他们一起完成的事情。也许是因为家庭作业的质量和完成率？您把孩子放在动机层级的什么位置？

- 满足感或享受感。

- 成就感。

- 渴望获得知识。

他们的行为会受到以下动机的影响吗？

- 达到一个目的或实现一个目标？

- 遵守一个或多个规则？

- 避免惩罚或获得奖励？

您和您的团队能做些什么来阻止他们，让他们远离仅仅是为了避免惩罚而做事情，而是更接近出于事情本身的价值而重视它？

您认为可以一直改变所有学生的动机以使它们达到动机层级顶端的想法是不现实的。然而，要想让孩子们从动机层级的任何位置移到更靠近层级顶端的位置，并不是不切实际。

您可以看到，避免放学后留校或避免违反规则的动机是极其有限的，当孩子们的目标是完成任务或避免惩罚而不是学习时，他们不太可能全身心地投入其中。使孩子们意识到存在某种价值（内在或其他价值）可以帮助他们摆脱这种动机低谷。显然，如果有更多的支持和努力,结果可能会更好。不需要太多的说服,您就可以了解为什么我们想让孩子们重视他们正在做的任务,以及我们对他们的期望是值得的和有价值的。我希望您能明白,最终闪闪发光的奖励所带来的诱惑,不太可能说服孩子们形成任何更深层次的动机,让他们表现得更好,或者对自己的任务更感兴趣。重复一下上文关于布莱克和威廉姆的解释,我们无疑都希望学校里所有孩子不再是教师对他们好或坏的行为进行奖励和惩罚的被动接受者,而是要对自己的行为负责、管理好自己的孩子,因为这样做才是正确的。

进一步讨论——问题和相关活动

- 考虑一周完全没有奖励。相反,专注于认可良好的行为和在良好的行为中取得的进步——发现他们变得更好。注意一周内和周末发生的事情。孩子们的行为发生了什么变化?他们的学习质量如何?

- 问问自己,在我们的行为规则中,我们目前认可和奖励的是什么?

- 我们为什么要认可和奖励这些事情?

  ○ 是否存在这样一种危险:我们实际上是在奖励别的东西?（例如,我们会把努力贴纸奖励给成绩最好的孩子,而不是那些实际上学习最努力的孩子吗?）

- 我们真正想要认可的是什么?为什么我们要认可这些事情?

- 我们是否公开展示奖励图表,并对孩子们进行排名?我们为什么要这么做?

- 对于奖励和认可,我们的标准是否随意,一些孩子能够轻易达到,而另一些孩子觉得不可能实现?
- 我们是否在使用"胡萝卜加大棒"的方法进行激励?
  - 警惕这样的奖励和惩罚,如"做这个,得到那个"或"做这个,避免那个"。
- 我们能否通过培养以下体验来激励孩子使用更好的动机形式:
  - 对知识的渴望?
  - 一种成就感和一种他们正在进步的感觉?

注释

1　Kohn, A. (1993). *Punished by Rewards: The Trouble with Gold Stars, Incentive Plans, As, Praise and Other Bribes*. New York: Houghton Mifflin.

2　Black, P. J. and Wiliam, D. (1998). *Inside the Black Box: Raising Standards through Classroom Assessment*. London: King's College.

3　Butler, R. (1998). "Enhancing and Undermining Intrinsic Motivation: the Effects of Task-involving and Ego-involving Evaluation on Interest and Performance", *British Journal of Educational Psychology*, 58: 1 - 4.

4　Black, P. J., Harrison, C., Lee, C., Marshall, B. and Wiliam, D. (2002). *Working Inside the Black Box: Assessment for Learning in the Classroom*. London: King's College.

5　Cross, M. (2011). *Children with Social, Emotional and Behavioural Difficulties and Communication Problems: There Is Always a Reason*. London: Jessica Kingsley Publishers.

6　Myatt, M. (2016). *High Challenge, Low Threat: How the Best Leaders Find the Balance*. Woodbridge: John Catt Educational Ltd.

7　Muijs, D. and Reynolds, D. (2011). *Effective Teaching: Evidence and Practice*, 3rd ed. Los Angeles, CA: Sage.

第六章
约束与惩罚

还是老面孔。这所学校已经开办十年了。十年来，每次集会后，我们都会在这里看到一排男孩，还有同样的老面孔。

——格莱斯·克斯先生(Mr Gryce Kes)

本 章 要 点

- 学校使用的约束和惩罚措施在很大程度上依赖行为主义原则——奖励好的行为和惩罚不良行为——这就是为什么它们在改善行为方面通常是无效的。

- 我们寻求约束和惩罚，以满足对不良行为做出强硬回应的需要。

- 放学后留校是最常见的约束之一，它利用自由支配时间的丧失和不便来推动行为改变。如果我们在这段时间对孩子们进行修复性工作，那么空置时间可以大大减少，并且可以被更有效地利用。

- 要使约束发挥威慑作用，最重要的因素是违反规则被抓的可能性而不是约束本身的严厉性。

- 在危险和紧张状态下，人们很少冷静而理性地思考，因此威慑因素并不起作用。

- 回避损失(比如没收的威胁)可能会给您带来暂时的服从,但不会改变您的行为。

- 如果约束的威胁是唯一能说服孩子们学习或行动的方法,那么您可能只能从他们身上得到为避免陷入麻烦所做的最低限度的东西。

- 如果学习与约束相联系,那么它会被认为是一件苦差事,比如当班上其他同学有空闲时间而他要继续学习时,或者放学后留校,利用空闲时间学习时。

- 让孩子感到羞愧或尴尬的做法,例如,在黑板上写下他们的名字,或使用班级交通信号灯系统来确保孩子们遵守规则,只会适得其反。

- 羞辱会使情况恶化,通过孩子的:
  ○ 退缩(方式为内向或身体退缩);
  ○ 拒绝或回避(通过尝试最小化或拒绝体验);
  ○ 将消极情绪转向内部(感到自卑和攻击自我);
  ○ 将消极情绪转向外部(攻击他人)。

- 为改善孩子们的行为而阻止他们参加部分课程(如体育课)是绝对不该做的。

- 约束和奖励一样,会助长自私自利。对孩子们行为后果的担忧变成只限于考虑他们会怎么样。

教师是习惯的生物。我们很喜欢例行公事,这其中有很多好处,对学校里的成人和孩子有强大的影响力。在我们的职业中,有一些常规似乎永远存在——教师在年底写报告,教师在家长晚会上与家长见面的时间为 10 分钟,教师计分簿……这样的例子不胜枚举。当试着从这些常规中减去一些内容,我们会产生一种不舒服的感觉,觉得少了什么。一些学校已经成功废除或彻底改变了上面提到的部分或全部常规,认为它们在支持孩子们的学习和帮助减少教师工作量方面是无效的。这些学校做得非常好,但我敢打赌,他们在做出决定之前,肯定有一些担忧和疑虑。有多少学校对他们在用但实际上并没有达到目标的那些约束和惩罚采取了同样的做法(从现在起,我将在本章使用"约束"这个词。还记得引言中比尔·罗杰斯的话吗——使用"惩罚"是荒谬的,因为我们不是在管理监狱),即首先要制止孩子们的不良行为或者阻止不良行为再次发生? 非常少,这有一个主要原因。当一个不良行为事件发生时,我们发自内心地有一种冲动想迅速做点什么,任何事都行。当然,这在很大程度上是为了防止对孩子和其他同学的学习造成干扰,我们需要立即改善这个行为,这是完全正确和恰当的。但是,由于我们是习惯的生物,所以常常在没有真正考虑约束有效性的情况下就采取约束措施。我们已经完全接受了这样的逻辑:因为孩子们做了一些令人不快的事情,所以必须对他们做一些令人不快的事情作为回应。按照这样的逻辑继续下去,这种不愉快会给孩子们一个教训,之后事情就会好转。如果这是真的,那么行为问题很难持续下去,我们表现最差的孩子会对最严厉的约束迅速做出反应。任何在有情感和行为障碍儿童的学校工作过的人都知道,这不是真的。那些学校的孩子被约束的次数已经无法计数了。这里的理论基础是第五章中关于奖励的部分提到的行为主义。简言之,行为主义认为,当我们通过强化来回应这种行为时,行为更有可能再次发生;或者,如果我们通过惩罚来回应,行为不太可能再次发生(这是行为主义的观点)。我们可以通过奖励一些吸引人的东西来对一种行为进行正强化,也可以通过移除一些不愉快的东西来对一种行为进行负强化。行为主义对惩罚也有同样的看法:我们可以通过在黑板上写下一个孩子的名字进行正惩罚(这不矛盾,尽管听起来似乎很明显)(这在某种意义上被认为是积极的),或者我们可以通过移除一些东西来进行负惩罚,比如放学后留校剥夺了他们的一些自由时间。我们认为如果不这样做,就会使孩子逃脱惩罚,这违背了我们的公正原则。现在您已经读到这部分内容,应该已经推断出我认为这种做法过于简单,且在很大程度上是无效的。任何在大部分或全部繁重工作中依赖行为主义原理的行为政策,实际上都浮于表面。事实上,它是反作用的,让人总是瞎忙一气,在改善行为方面是无效的。不管怎样,放学后留校等形式给教师们带来了大量工作,但它是一种行动的错觉:发生了很多事情,但其实没有多少改善,情况甚至可能变得更糟。但至少,上级领导可以通过说他们正在做一些事情来满足自己的需要。正如乔·鲍尔所说:"我们这么做,是因为它最适合孩子们吗?还是因为它对我们来说很方便?"

反　思　点

在进入下一步讨论之前,希望您思考两个问题:

- 在日常工作中,您惯常使用的约束措施是什么?
- 您是否反复对同样的几个孩子实施约束?如果是这样,它们真的有效吗?

在本章,我将试图让您对约束的使用进行深入思考。我想让您专注于尝试改善您面前孩子的行为,别仅局限于约束他们,然后就不再管他们(不要错误地把我关于目前使用的约束方式是无效的观点,扩展为我主张对不良行为不做任何回应。我并不持这样的观点。我只是专注于改善行为)。

打破习惯

我在引言中提到,在我第一次担任校长的学校,我们是如何在15个月内迅速改善行为,使学校的评价从英国教育标准局(和我们)断定的需要改进到优秀的。这在一定程度上是通过停止使用一项无效但学校非常依赖的重大约束措施来实现的。在我来的前一年,这所拥有120名学生的学校召开了320次定期开除的会议。这是一个非常惊人的数字,尽管一位州长认为这意味着我们的行为体系正在发挥作用,但它根本没有改善人们的行为。事实上,恰恰相反。尽管如此,我并没有立即停止使用它,主要是因为我的领导能力较弱,而且在改善行为方面,我没有像现在这样有信心,所以我继续对严重的不良行为事件做出开除的回应,因为我想不出什么新办法。这在很大程度上是因为我需要通过强硬回应让员工感到得到支持。除了短暂的延缓外,我其实根本没有为员工提供任何支持,这不是对不良行为应该做的回应。周末是用来休息的,每个星期的周六和周日不上课并不能改善孩子们的行为,所以一周休息一两天不能改善孩子们的行为也就不足为奇了。情况在孩子返校后没有发生变化,或者在许多情况下,孩子与学校之间的关系由于开除引起的拒斥变得恶化。当我冷静下来时,我不再将开除当作对不良行为的回应。这并不意味着我们对不良行为毫无反应。正好相反,这迫使我们(这是关键所在)考虑如何最恰当地与孩子合作,以改善他们的行为。审视罗斯·格林的至理名言:如果孩子们有能力做好,他们会做得很好;如果他们做得不好,是因为缺乏环境要求他们具备的技能。单纯地期望孩子通过一段时间不去上学就能进步,是在祈祷天降好运并将所有责任都推给孩子。而学校和学校里的成人却不做任何改变,这是它的根本弱点。我听到你说:"啊,是的,但我们在孩子回来后会召开重新融入社会的会议,以便我们可以计划采取不同的措施。"这是一种补救办法。不管怎样,只要这样做就行,不要再想离开学校的那段时间会对孩子产生巨大冲击,从而使他们解决好自己的生活。此外,孩子们错过了一段永远不会重来的学习时间。当孩子们不在学校的时候,学校寄去的练习题是无法替代在校学习的,哪怕孩子们的确把练习题做完了,也是如此。我想起了特洛伊(Troy),一个因为学校无法解决他的行为问题而在七年级时从主流中学转入我们学校的孩子。进入七年级后的**三周**内,特洛伊每天被非法**排除在学校之外**,不管他的行为表现有多好,他都在 12 点钟被送回家。我在二月份去看望过他,异常清晰地记得特殊教育需要协调员(special educational needs coordinator)是如何没有一丝讽刺或负责任地告诉我他们担心特洛伊在学业上落后于同龄人的。

威慑

继续使用约束的一个普遍理由是:约束树立了一个榜样,将阻止其他人未来的不良行为。出于多种原因,我从来没有被这个理由说服过。为了给其他人树立榜样，必须公开对一个孩子实施约束。我真诚地希望学校不要以这种方式展示约束，因为使孩子蒙受耻辱是不必要的事态升级，总是适得其反。当然，有时一些孩子会目睹另一个孩子受到约束，但是他们不太可能看到约束的后续改正或导致约束发生的所有缘由，尤其是在某些更严重的约束案例中。您可能会在一些如执行统一的标准这样不那么重要的事情上获得暂时的服从。对于学校里发生的更严重事情，比如打架、辱骂教师等诸如此类的事情，我们所能实施的任何严厉约束实际上并没有给他们带来太多不便。此外，在更加激烈的情况下，孩子很少能保持冷静和理性思考；他们没有冷静地权衡自己决定的利弊；他们对将要做的事情的潜在后果没有做出合理的判断。

回想一下第二章中提到的我被要求唱歌或跳舞的感受。事实上，学校威胁我的任何约束都无法激励我这么去唱歌和跳舞，或者阻止我避开它们。顶多会让我做最基本的事情尽量避免受到任何威胁。有些约束（例如隔离）将有效地帮助我避免唱歌或跳舞，因此它们对我不仅没有任何威慑作用，反而为我提供了一个快速摆脱我无法忍受的情况的方法。

您开车超速过吗？我不想将孩子们在学校的行为与刑事司法系统进行类比，但是当谈到威慑时，超速确实提供了一些值得探索的有趣比较。您为什么要这么做？您一定了解法律，那您为什么还选择不遵守呢？或许您认为自己是一个出色的司机（研究表明，人们通常认为自己的标准更胜一筹[1]），但您比法律更了解法律吗？也许您认为这是一种无受害人的犯罪？学生违反某些行为规则，是因为尽管他们完全意识到自己正在做的事情，但认为自己的违规行为是无害的或没有受害者，因此没有任何后果？校服违规行为或在课堂上使用手机可能就是这样的例子。

我们都知道为什么要限速和当我们超速时会增加发生事故的风险,但我们仍然会这么做。理想情况下,社会希望所有司机都遵循限速或低于限速,因为这样做是正确的。我们希望司机们在没有强制的情况下仍然能遵守法律,有人会这样做的原因主要有两个(一个是内在的,另一个是外在的):(1)他们十分尊重其他道路使用者、行人和车上的乘客,重视这些人的安全,因为他们认识到限速是为安全考虑,因此他们会遵守法律;(2)尽管他们认为限速太低或者对自己驾驶技术的自信意味着他们确信超速行驶也会安全,但他们仍然以低于限制的速度行驶,因为他们尊重法律存在的事实足以让他们不违反法律。以我的经验,绝大多数孩子在绝大多数时间也是这样的。他们尊重学校的规章制度——他们做正确的事是因为他们想做正确的事和能够做正确的事。对许多人来说,他们不赞成一些规则,但是他们能够自我调节,并认可学校制定这些规则的权利。即使方圆几英里内没有别的车,他们也会在红灯前停下。回顾第五章关于动机的内容,有些人受外在动机激励,因为他们认为自己是规则的追随者,他们看重的是遵守规则,而不是害怕违反规则会发生什么,或者他们真正理解了规则本身的真正价值(例如,不能在走廊里跑步,或者在体育课上必须摘掉首饰)。

在现实中,对一些司机来说,的确是这样的。但对其余司机来说,警察必须执法。他们采取各种措施来影响司机的行为。我们通过在交通事故多发点安装超速摄像头,捕捉超速司机,对他们进行罚款,在他们的驾照上扣分等手段,促使他们遵守法律。这些摄像头究竟是如何影响司机的行为呢?司机往往是在摄像头附近减速。然后，他们马上会做什么？没错，他们会再次加速。这相当于早晨在学校门口检查校服——在拐弯进入学校之前，孩子们会将裙子和领带恢复到规定长度（露出八道条纹，不多不少），衬衫塞进裤子里。一旦离开了校长的视线，裙子就被拉起来，领带变短了，衬衫又被拉出来了。他们一整天都在重复这个令人头疼的动作。

这种执法方法的效果是有限的，因此警察会使用更灵活的方法，如高速枪和可以部署在任何地方的带有探测设备的交通车。一种防止超速的可靠方法就是在某些类型的车辆上（例如重型货车和小型校车）装限速器，即使您想超速也无法加速。如果贵校给您的背包、裤子和裙子做上校标，那您只能遵守。明确说明要穿什么样的校服，旨在消除孩子们违反规则的机会。手机必须上交的情况也是如此。这两者都低估了孩子们的聪明才智，他们可能会把一部手机交上去，把另一部放在书包里。

尽管如此，超速仍然是生活中的一个实际情况。为什么？司机们正在进行一项可能会触犯法律的风险评估。好处可能是他们会更快到达目的地，或者他们享受开快车的快乐。风险可能是天气、其他道路使用者的安全、被抓住的可能以及随后的罚款和扣分。当他们接近测速摄像头或看到警车时，他们就开始分析形势，只要风险大于好处，他们的行为就会发生变化；而当被抓住的概率降到可接受的水平以下时，他们的行为会再次发生变化。有些孩子在评估他们做不应该做的事情（比如在课堂上使用手机）时被看见或被抓住的概率时，也会如此。带来威慑的不仅仅是约束本身，还有约束与被抓住的可能性的结合。如果您确信能从您知道不应该做的事情中逃脱，那么能够想到的最严厉的惩罚，对您也没有威慑作用。

这正是确定性因素起作用的地方。气场是教师最推崇的超能力之一，具有气场的教师显出一种警觉——但不是高度警惕，这种警觉会让孩子和其他成年人感到不安，因为完全可以忽略不计的最轻微违规行为变成了重大事件。孩子们确信这位教师看到一切，不会放过任何他们及周围的人知道的不被允许的事情。这些教师并不是最严厉、最可怕的类型。他们的期望从不落空，这就是为什么他们似乎总是能沉着地掌控局面。他们几乎把一切都扼杀在萌芽状态，很少需要采取更公开的策略来解决行为问题。

喷云吐雾的"企鹅"

记得我刚开始教书的时候，最讨厌的事情之一是课间休息值班工作。如今我已经喜欢休息时间和午餐时间的值班工作，尤其是作为一名上级领导。但那时作为一名新聘教师，我认为它给我下节课的实验室准备工作带来了不便。我不喜欢它的一个原因是要与学生群体中少数顽固而足智多谋的吸烟者作无休止的斗争，或者类似这样的事情。就像您稍后将看到的，他们的招数经过多年的经历磨炼，且新手会在老手的庇护下向他们学习。与许多建于 20 世纪 60 年代的中学一样，我们学校在不同部门大楼之间有很多盲区——这为学生提供了非法吸烟的绝佳场所。他们毫无羞耻地无视规则，不顾自身健康状况地为他人树立"榜样"——没有什么比看到一个孩子吸烟更令人不安了——这让我很恼火，但我们作为一所学校，似乎很随便地接受了他们吸烟的事实，这让我更恼火。

学校明确规定禁止吸烟,禁止拥有吸烟所需材料。照理说,被抓到吸烟会导致两种结果:禁止入校一天或上一门"戒烟"课程。作为职位较低的新聘教师时,我从来没有目睹这种情况多久发生一次,但我可以判断这些约束的有效性以及孩子们上瘾的程度,因为同一批孩子日复一日地在那里。他们之所以毫无羞耻,部分是因为他们对被抓到的可能性评估偏低。您可能会认为发现孩子在学校里吸烟是件容易的事,但他们组织得很好,以至于很难发现。您可以想象一群企鹅轮流在户外接受南极风吹打的景象。在那拥挤的人群中,有一些孩子在抽烟,在轮到他们为其他同伴做掩护之前,外面的人几乎看不到他们,他们受到很好的保护。虽然抽烟的孩子被外面人看见的可能性很小,但是您必须努力抓住吸烟的人,您不能使用集体惩罚,因为那里有一些不吸烟但是加入到这个群体的孩子。我对学校的政策没有把握,但我可以在我的职责范围内做些事情。值班的时候,我就到他们最喜欢的吸烟区待着。我过去常去千禧花园,站在中间的混凝土长凳上,那是他们的首选地点。我可以看到学校的一整侧,所以他们不得不去别的地方。我知道我无法控制这一点,因为它需要我们所有当值人员齐心协力,以同样的方式对已知的问题区域进行监控,但它有效地消除了我负责区域的问题。用回前面的类比,那我就是教师版超速监控摄像机。只要他们在我的控制范围内,我就改变他们的行为。一旦超出我的视野范围,就像超速监控摄像机一样,他们的风险评估就发生了变化,他们的行为也是如此。清楚的规则和明确的约束并不是一种威慑,除非我们作为工作人员能够履行休息时间巡查恰当区域的责任,否则被抓住是一种值得冒险的行为。上瘾带来的渴望、社交场合的吸引力和公然违反校规带来的兴奋以及得到同龄人的赞誉，都超过了禁止入校一天（禁止入校远比戒烟课程少了很多麻烦，即使有戒烟课程，也很少有人选择）带来的不便或奖励——这里到底是不便还是奖励，看你怎么想。

富有成效和修复性的约束

我并不是要求您停止对不良行为采取约束措施。我的观点是，如果您认为约束是必要的，那么您应对不良行为而选择的措施必须是富有成效的。否则，我们就是在满足自己的短期需求，因为我们觉得有必要表示我们做了一些事情，而且最好是听起来很困难的事情。富有成效也并不意味着要通过牺牲自由时间和不便来说服孩子改变他们的行为方式。这种约束方式其实没有什么效果。

那么，我们通常采取什么样的约束手段呢？这取决于孩子的年龄。与中学相比，小学在约束上相对较轻，但是它们在很大程度上等于剥夺了孩子的自由时间、所有物或获得某种东西。我们以留校形式剥夺孩子的时间，例如休息时间、午餐时间、放学后、去校长室和周六留校。这些放学后留校的层次体系给人一种很严厉的感觉，但实质上主要是装腔作势。多数时候它只是给孩子带来不方便，但更长时间的留校（去校长室和周六的留校时间往往更长）有时会将这种不便蔓延到家长身上，因为他们可能不得不在周六接孩子或带他们到学校。留校效果并不显著，它带来的不便本应就是它的威慑力所在。我相信，如果我们缩短留校时间，并利用它们对孩子进行一些有意义的修复性工作，我们会从留校中得到更多好处。如果他们有任务要赶，那可以完成它，或者可能的话，那天晚上做它。阅读第七章,了解更多关于很可能出现的修复性交谈的内容,尤其是操场或走廊上的修复性交谈。因为这会不可避免地增加工作量,所以许多教师并不欢迎它。但是如果处理得当,事件终究会随着时间的推移而减少,教师用于留校的总时间也会减少。很不幸,难以接受的事实是,如果我们不带头改变,就别指望看到孩子们的改变。虽然我们不认可孩子的行为,但是我们无疑可以做很多事情帮助他们变得更好。

反 思 点

- 反思贵校使用的留校制度。
- 粗略估计这个制度每周消耗的时间。
- 当明确要在一段时间内改善行为时,如何才能更有效地利用这段时间?

把孩子送出教室一段时间或者隔离,或者把他们送进据说被称为"反思室"(我敢打赌,不会有真正的反思)的地方,这些都是直截了当的做法。最好是在教室外利用一小段时间与孩子单独交谈。如果需要的不仅仅是重申对孩子的期望,那么避开人群是一个好主意——孩子可以挽回面子(不要低估它的强大,丢面子永远不会缓和局面)。此外,一个孩子独自在教室外会带来两个风险:首先,他可能会感到无聊而离开;其次,他通过窗户向同学或其他班级学生扮小丑,这对你、他或班上其他人都没有好处。尽力理解,坚定地表明自己的观点,然后接着做其他事情。

没收是对违规使用所有物(如手机)或出现违禁物品(如指尖陀螺或集换式卡牌)的常见反应。这在短期内也可以是一个非常有效的威慑，因为规避损失会导致暂时的服从。一段时间内失去手机对孩子来说可能是一种强有力的、暂时的矫正措施，但使用手机的冲动仍然存在。我是一所中等特殊学校的校长，这所学校很小，小到足以让我们白天把所有孩子的手机都保存起来。这个方法真的很有效。当学生没有上交手机，显而易见，我们可以执行学校的规则。在拥有一千多个孩子、每个孩子都有一部手机的中学里，这个方法执行起来就困难得多。据我所知，最好的学校对手机使用都有非常明确的期望并严格执行它们。他们不希望在没有教师明确许可的情况下孩子们在学校里可以看到手机。如果手机在不应该出现的时候被看到，它们会被没收一小段时间（连续几个星期的没收是不必要的，会引起怨恨，并且很可能会触犯一些最轻微的法律）。当然，孩子会拒绝交出您想没收的所有物，在这种情况下，可以考虑在学校里长期或根本不允许孩子使用手机或其他东西。同样，规避损失在这里是有效的，并且可能导致暂时的服从。在假设孩子们能够负责任和明白事理，同时清楚如果他们做不到这些将发生什么的基础上工作，比在孩子们不能或不愿意做正确事情而采取彻底禁令的基础上工作，要好得多。

我们倾向使用的最后一种约束措施涉及限制访问或取消特权。还记得第五章中孩子们必须获得参加舞会权利的例子吗？这是另一种直截了当的回应，但不是针对这个问题的回应。这又是行为主义流派的观点——移除喜爱的东西会导致行为的改善。我对此非常怀疑，但它经常被使用。"如果你在课堂上表现不好，你就不能代表学校参加足球比赛！"为什么？一个孩子可能是足球场上了不起的"学校大使"，这可能是激发他对学校进行情感投资的一种好方法。基于它会从外部激励孩子在学校其他领域表现良好,因此移除它是荒谬的。在问题所在的地方解决问题,要比诉诸"大棒加胡萝卜"的反应好得多。您不太可能以这种方式改善行为。它是经典的"我赢,你输"范畴。您会感觉更好,因为您已经1∶0领先,但可以肯定的是,您会增加怨恨,这是又一次不必要的恶化升级。

反 思 点

- 作为行为政策的一部分,您是否取消了特权?
- 您这样做是为了达到什么目的?
- 这些约束措施是否会出现在孩子们最成功的学校生活领域?

额外的学习

　　注意不要给人留下这样的印象:学校学习是一种惩罚。补上因不良行为而错过的学习是对时间的明智利用。不过,我不会把这当作约束。因为这项任务无论如何都要完成是一个基本的期望,这是学习时间损失的后果,而不是事后施加的约束。增加额外学习导致不愉快感增多,只会让人觉得学习是一件烦琐的事并滋生怨恨。这种策略的一种演变是,当班上其他同学都在享受黄金时间或类似时光时,让一个孩子进行额外学习,以作为约束措施。让一个独自学习的孩子眼巴巴地看着同龄人玩得兴高采烈被认为是一剂苦药,可以让孩子在未来表现得更好。请回阅第二章——我们不会移除我们认为孩子不喜欢的课程。我曾经听过"如果你不守规矩,今天下午就不能去游泳!"这样的话,我不得不向不悦的教师解释,他们不能把剥夺游泳的机会作为一种约束措施。但奇怪的是,我从没听过"如果你不守规矩,你今晚就不会有作业!"这样的话。课程是一项权利,既不是用来交易的,也不是用来作为谈判工具或者筹码的。

羞辱

每当我们因为孩子们的不良行为在黑板上写下他们的名字时,都会冒着让他们蒙羞而使情况进一步恶化的风险。那为什么还要这样做?因为试图让孩子们因其行为而难堪,从而改进。但实际上,这样做永远不会有好结果。过去的我会说我是在提醒孩子们其行为已经突破了我们可接受的水平,但我可以告诉他们(见第十一章,当我刚开始教学时我是如何肆无忌惮地滥用学校行为系统的),当我们使用交通信号灯系统时,我们也会这样做。大多数孩子因为行为良好而保持在绿灯上,也会有少数孩子在绿灯和黄灯之间来回穿梭,偶尔也会在红灯上短暂停留。交通信号灯系统在教室里很常见,但完全没有必要。如果您有一个,现在就把它扔进垃圾箱。那些经常驻留在绿灯上的孩子不是因为交通信号灯系统帮助他们停留在绿灯上,而是不管有没有这个系统,他们都会表现良好。您的交通信号灯系统旁边可能有文字,但我希望这不是我见过的最糟糕的例子。标题为"遵守纪律的喜悦!"每个交通信号灯都有一个名称:绿色被标记为合作,黄色被标记为违反规则,红色则被标记为糟糕的。这是一个多么令人感到惬意的教室啊!

羞耻会产生强烈的情感,往往会引发一系列行为,而这些行为没有一个是有益的或有效的（Elison et al., 2006）[2]。它打破了我们的"不要逐步升级"的原则，应该不惜一切代价避免。您可以看到：

退缩——这可能是内向或身体上的退缩，例如，离开您的课堂。

否认现实（也称回避）——这可能是经典的"我不在乎！"或者大笑。事实上，孩子是在寻求最小化或否认负面经历。

攻击自己——孩子将其负面情绪转移到内心，这可能会放大其负面情绪，他可能会感到自卑，称自己"愚蠢"或蔑视自己。

攻击他人——孩子将其负面情绪向外发泄，就像否认一样，这可能是一种试图通过责备他人（如您或另一个孩子）将羞耻感降到最低程度的尝试。

您可以看到羞辱完全是适得其反的。我们正在努力寻求用人性化的方式纠正孩子的行为，而不是让孩子感到羞耻从而改变自己的行为。

我们冒着用公开回应羞辱学生的风险，比如让穿着不得体的孩子在集会前排成一排。这样做就是杀鸡儆猴——那些被集会前排成一排的队伍吓坏的孩子很可能不管什么时候都穿得非常整洁，他们是规则的追随者——但这让孩子们感到很丢脸，而且我看到孩子们站在校长背后时模仿他的样子（经典的羞辱否认）。

教师移情

奥科诺瓦等人（Okonofua et al., 2016）[3]进行了一些有趣的研究。来自斯坦福大学的研究表明，当教师通过鼓励相互理解和尊重的战略及对策处理不良行为问题时,可以减少不良行为的发生,并防止那些常常最终导致学生被开除的冲突继续恶化。从本质上讲,研究人员调查了解决行为问题的惩罚性方法与移情方法,注意到移情方法能阻碍教师给孩子们贴上"麻烦制造者"之类的标签(详见第二章)。这对我来说很有意义,因为惩罚性或行为主义的方法往往会倾向于采取一种有缺陷的观点——孩子就是问题所在;而同理心使人们产生一种支持孩子们表现得更好的强烈欲望,并确定将采取什么措施来帮助他们做到这一点。这一发现应该与亨普希尔等人(Hemphill et al., 2017)[4]的研究相比较,他们的研究证明:暂时停课是我们可以使用的最具惩罚性的回应之一,它增加了包括令人不安地被称为异常行为放大的暴力和反社会行为在内的儿童问题行为发生的可能性,滋养了那条令人沮丧的"从学校到监狱"的通道。

它有什么益处

在第五章,我们注意到奖励的一个主要缺点是它们可能助长自私自利。完成手头的任务或学习,或者孩子表现良好,只是为了获得奖励。奖励可以换来一些暂时的服从或者孩子敷衍了事地去做尽可能少的事情,以确保得到 Vivo 积分或其他类似奖励。约束也不例外。它们将孩子的注意力集中在完成尽可能少的事情上,这些事情可以阻止教师让他们做更多事情。为了确保自己的自由时间,学习是一种尽可能快地摆脱的日常事务。约束是短期策略,但您永远不会得到孩子的认可或情感投资。您不能惩罚孩子去关心您、他们的同伴或某门特定的课程。当我们以某种方式谈论行为表现的后果时,这变成只针对那个特定孩子的后果。

这就是为什么在改善行为的努力中,直截了当地使用约束,无论是在时间上还是在持久性上,效果都将是非常有限的,除非我们修复性地使用它们。如果我们将有限的约束套路作为帮助孩子们了解其行为对自己和他人影响的机会,那么每周的约束条例耗费的大量空置时间可以得到更有效的利用。如果我们不这样做,约束只会成为一些孩子学校生活不可或缺的一部分,因为他们会一次又一次地被留校,而工作人员会沮丧地摇着头表示这些孩子从不学习。

进一步讨论——问题和相关活动

- 列出三个清单:
  - 您目前在学校使用的所有约束措施。
  - 每个人每周占用的员工时间。
  - 经常受到约束的孩子。

- 问自己,我们是否满足于:(1)这是对员工时间的有效利用;(2)这些约束措施改善了留校名单上经常出现的孩子的行为。

- 如果我们担心当前制度在鼓励行为改善方面的有效性,那我们可以做些什么?

- 我们是否应该减少留校消耗的空置时间,并将时间投入到修复性工作中?

- 我们需要建立什么样的制度才能助力成功?

- 我们的行为政策或课堂实践是否有一些方面是借助羞辱或让孩子们难堪而使他们顺从的?

- 我们把孩子们的名字写在黑板上作为警告吗?
- 我们是否使用交通信号灯系统或类似系统?
- 我们能做什么?
- 我们是否利用学校作业来增加约束的不快体验?

注释

1 Roy, M. M. and Liersch, M. J. (2014). "I Am a Better Driver than You Think: Examining Self-enhancement for Driving Ability", *Journal of Applied Social Psychology*, 43(8): 1648 - 1659.

2 Elison, J., Lennon, R. and Pulos, S. (2006). "Investigating the Compass of Shame: The Development of the Compass of Shame Scale", *Social Behavior and Personality*, 34(3): 221 - 238.

3 Okonofua, J., Paunesku, D. and Walton, G. (2016). "Brief Intervention to Encourage Empathic Discipline Cuts Suspension Rates in Half among Adolescents", *Proceedings of the National Academic of Sciences of the United States of America*, 113(19): 5221 - 5226.

4 Hemphill, S., Broderick, D. and Heerde, J. (2017). "Positive Associations between School Suspension and Student Problem Behaviour: A Summary of Recent Australian Findings", *Trends and Issues in Crime and Criminal Justice*, 531: 1 - 13.

第七章
预防和解决冲突的修复性做法

"对不起"是一种表态。

"我不会再那样做了"是一种承诺。

"我怎样做才能弥补你呢?"是一种责任。

——马克·芬尼斯(Mark Finnis)

修复性做法培训师

本 章 要 点

- 修复性做法旨在:

  - 为受伤害的孩子提供一个安全可靠的空间,以便交流伤害对他的影响。

  - 让孩子们了解其行为对他人的影响,从而改善那些对他人造成伤害的行为。

  - 通过和孩子们合作来寻求解决方案,而不是将解决方案强加于他们。

  - 帮助孩子们为自己的行为承担责任,对自己的行动负责。

- 修复性做法并不是惩罚的温和替代品。

- 这些方法不会轻易获得好的效果,并且可能需要投入时间(就像所有有效的行为策略一样)。

- 修复性做法六原则:

- 修复；
- 自愿；
- 中立；
- 安全；
- 易理解；
- 尊重。

- 修复性工作建立在信息收集、对相关人员产生影响以及促使相关人员找到解决方案的基础上。
- 在难以确定责任的情况下，修复性做法允许模棱两可。
- 您可以采用一系列策略：
  - 情感表达；
  - 情感提问；
  - 即兴修复（即所谓的操场修复或走廊修复）；
  - 小组讨论；
  - 正式的修复性会议。

人与人之间的冲突在学校里时有发生。比如，孩子们会彼此争吵，有时是因为我们认为的一些琐碎事情，有时是因为更严重的事情；很遗憾，孩子们有时会欺负其他孩子，有时也会与成年人发生冲突。我所知道的那些行为优良的学校，并不是那些宣称此类事情绝不会发生的学校（我认为那些学校担心承认发生过这种情况是软弱的表现），而是那些具有浓厚的相互尊重的文化和集体自豪感的学校——这可以最大限度地减少此类事情的发生。除此之外，当这些问题出现时，熟知有效政策和流程的训练有素的员工会去处理它们。我对任何声称他们校园里从来没有发生诸如欺凌事件的学校持谨慎态度，我知道有一些学校确实做出过这样的断言。

这些有效的学校也是那些在事件发生后不依靠外在的强硬表现，而是依靠能够阻止其他人这样做的微弱希望的学校。它们正在建立完全基于人类同伴之间相互尊重以及学校自身环境的文化，在理想情况下，目标是从源头防止冲突的发生，当冲突不幸发生时能够解决。当冲突发生时，学校的目标是处理人与人之间关系破损的情况，使问题不再持续下去，并且冲突会随着时间的推移逐渐减少，这就是学校修复性做法的本质。

修复性做法创造了充足时间和一个安全空间，以便让受到伤害的人就伤害的影响与伤害他们的人进行交流。进一步说，它的目的是让伤害他人的人领会、理解与承认自己的行为对他人造成的影响，并且采取措施来弥补，修补关系（正如布鲁纳在第五章开头提到的，将反馈视为信息而不是奖励或惩罚）。这种领会、理解与承认显然是为了改善行为，以便将来能用一种友好、成熟的方式解决分歧和冲突，或者更理想的是，根本不会再发生分歧和冲突。这些做法促进和支持孩子们做正确的事情，是因为事情本身是正确的才去做，而不是为了逃避惩罚才去做正确的事情。

在我看来，目前在学校里采用修复性做法有一点形象问题。和我交谈过的一些教师将它看作是温和的、开明的（带有贬义），是与那些应该受到惩罚的孩子进行一场愉悦聊天的华丽装扮版。他们凭直觉拒绝将它作为一种策略——就像我拒绝接受恢复体罚制度一样——我也听说，这是因为体罚可以让孩子们遵守纪律，此外，他们在学校挨打对他们并没有什么伤害。我怀疑这种抵触至少在一定程度上是基于我们使用惩罚的文化历史背景。例如，我们国家监禁的孩子[1]比大多数欧洲国家都多（有趣的是，英国的英格兰和威尔士是欧洲刑事责任年龄最低的地区，10 岁[2]）；同时，我看到社会上人们发自内心的反应，学校里的教师也是如此——他们似乎觉得某个人受苦并不是因为自己的不当行为。正如我在本书中多次提到的，这是一个例子，说明在某些情况下，我们如何正在满足自身的需求，而不是寻求如何最恰当地解决问题以免它再次发生。惩罚/威慑思想学派对学校里的孩子持相当悲观的态度，因为它表明，如果没有威慑或严重后果，学校里的孩子就会胡作非为，他们知道，只要与校长进行一次愉悦的谈话，便可以安全逃脱惩罚。这让我感到无法接受，它并没有让我想起我遇到过的绝大多数孩子。我们真的希望孩子们做正确的事情，因为它是正确的？正如罗斯·格林所说，如果孩子们有能力做好，他们会做得很好，并且修复性做法旨在通过改变孩子们的行为来防止冲突和伤害的再次发生，让他们将过去没有做好的事情做得更好。

我听到另一个关于使用修复性做法的主要批评或担忧是，它迫使受害者与伤害他们的人分享时间与空间。如果工作人员和孩子举行修复性会议，这种感觉会更加强烈，因为工作人员可能会认为他和孩子被平等对待是一种贬低。下面您会看到修复性做法的重要原则之一就是整个过程完全是自愿的。人们不能被迫参加会议，因此，说服人们相信它是有效的（和所有应对和干预措施一样，不能保证一定会成功）并且在他们最初持怀疑态度时就信任您，可能是一个挑战。从根本上说，修复性过程的结果将改变人们的想法，为了达到这一目的，人们必须准备好经历这个过程。人们对冲突的惩罚性回应不会有这种感觉，因为即使行为没有得到改变，他们通常也会因别人受到惩罚而感到满意，惩罚是对"必须做点什么"这一呼吁的下意识回应。

尽管如此,仍然有令人信服的证据存在,例如教育部(DfE)的报告[3]《学校反欺凌策略的运用和有效性》(*The Use and Effectiveness of Anti-bullying Strategies in Schools*)指出,参与报告的学校中,有97%的学校发现修复性做法可以有效减少欺凌行为。

最后,修复性工作的形象问题仍然会存在,因为就像所有导致持久行为改变的策略一样,它需要时间,且不容易做好,所以人们放弃了。放学后留校、开除和其他惩罚性反应都简单易行,这就是为什么当面临"马上行动,快,解决这个孩子的问题"的呼吁时,人们像我一样,在承受压力时去使用它们。不过,您会发现,修复性做法远不止正式地坐着开会那么简单。归根到底,修复性做法是一种人生哲学,一种工作和交流的方式,并不是您在最后关头随手抓住的救命稻草。在本章,您将看到,这些做法多种多样,从您在课堂上以非正式情感表述形式使用的日常语言到成熟的正式修复性会议,应有尽有。

反 思 点

- 贵校对冲突和欺凌事件有什么反应?您认为它修复得如何?
- 它旨在通过让孩子们了解其行为对他人产生的影响来改变行为吗?

修复性做法的原则

有效的修复性工作是以一套基本原则为基础的。

1. 修复：修复性做法的主要目的是明确地解决和修复伤害。

2. 自愿：不能强迫人们参与修复性做法。这意味着人们知道自己参与进来做的事情、承诺的事情以及职责所在是非常重要的。我参与的第一个正式的修复过程过早地结束，因为这个孩子（即引言中提到的打了我一拳的斯蒂芬，详见本章后文）中途退出了。

3. 中立：修复性做法需要对参与者公平公正。如果它们被认为是威吓孩子们的另一个研讨会，既成事实，或是一种隐秘的法庭形式，那么这个过程就有崩溃的风险，或者至少会降低效率。

4. 安全：如果一个孩子被另一个孩子伤害了，那么他们很难心平气和坐下来面对面讨论情感、伤痛和事后对他们的影响，除非他们坚信这么做是很安全的。就您而言，这需要做一些准备，因为您可能需要仔细考虑一些细节，比如地点。例如，对于某些孩子，校长办公室是一个非常令人生畏的地方。

5. 易理解：修复性工作是非歧视的，它必须对所有受到冲突和伤害影响的人都是有效的，比如，您将在第十章阅读关于儿童言语、语言和交流困难与行为困难之间的重叠之处。我们必须注意确保我们的语言能够被参与修复工作的孩子理解，并且理解他们可能很难表达自己的感受，或很难成功地回忆起事件的来龙去脉。他们可能也会发现很难真正理解自己的行为对另一个人的影响（这是使用修复性做法的有力论据，不是将其作为一个解决策略而摈弃的理由），并且需要这方面的支持。

6. 尊重：修复性做法必须维护所有参与者和那些受到伤害的人的尊严。这不是一个让造成伤害的人感到羞耻的讨论会，因为这同样有可能降低该过程的有效性。

斯蒂芬

我第一次正式使用修复性做法解决冲突以失败告终。我的头被斯蒂芬打了一拳。我在学校与那些有行为问题的孩子相处了数月,在那段时间里,与大多数孩子建立了很好的关系。我教斯蒂芬普通中等教育证书课程中的数学和科学,但客观地说,我并不是他最喜欢的老师。一天下午,我正走进主教学楼,一手拿着笔记本电脑,一手拿着文件夹。斯蒂芬从停车场的一端跑过来,高声喊道:"我要打烂你的头!"那时候我是一名在职的纠察,因此您会认为我能很好地处理这件事,尤其是当他告诉我他将要做什么时。但是,因为我确信他不会打我,我只是一动不动地站在原地。随后,当他一拳打在我的头上时,我仍然站在原地未动。

结果校长报了警,斯蒂芬因涉嫌普通袭击罪被捕并被带走。放学后,当校长问我下一步想怎么办时,我由衷地说我想第二天见到他,这样我们可以开始解决这个关系问题。警察依法办事——他们警告了斯蒂芬。这是一种合理、明智的回应。我认为等待解决问题没有任何意义;事实上,我觉得等待只会让事情变得更糟糕。你可能认为这是不明智或幼稚的;但是,请记住,他曾就读于一所专门为行为极端困难儿童开设的学校,并因暴力问题被其他两所学校永久拒之门外。他曾多次受到最严厉的惩罚,但丝毫没有改善的迹象。我并不是为他的行为辩解;我只希望可以改善他的行为,而且我知道,学校是无法通过惩罚来改善他的行为的。但是,他收到了一个定期的停学惩罚,即他被学校中止上课,且不允许到校长达 45 天。这是一个孩子在任何一个学年里被停学的最长时间,不管是一段时间,还是被多次停学累积起来的时间。我确信这就是后来进行的修复性工作效果不佳的原因之一:从事件发生到会议之间有九个学周,再加上一个期中假,隔得太久,这让后面的修复性工作失去了意义。

作为斯蒂芬重新融入社会的一部分,学校组织了一次正式的修复性会议。会议由一名来自地方当局的杰出同事、前大都会警官主持。斯蒂芬的父母也参加了这次会议,我认为这是一个好主意,因为斯蒂芬很容易产生寡不敌众的感觉。参加会议的每个人都可以畅所欲言。我本来有机会阐述这件事对我产生了怎样的影响,然后专注于下一步需要做什么,这样我们才能继续进行下去。但斯蒂芬在我们真正开始之前就走出了房间,因为他发现这件事情太难应付了。从事情发生到会议召开,中间已经过去了太长时间,我们还没有为他做好足够的准备来了解将要发生的事情以及为什么发生。

最后,斯蒂芬和我达成共识:那次事件是我们关系的低谷。可以理解的是,虽然我不得不竭尽全力和他一起开始,但是他取得了数学和科学课程的普通中等教育证书,我们继续前进。我知道我必须首先对他和我们的关系进行情感投资,当然这不会在一夜之间完成。我不得不采取更非正式的修复性手段(并不是所有修复性策略都是"坐下来谈事情"这样正式,而且,被称作"走廊修复"的策略真的可以消除正式手段的僵化性）表明我不会放弃他，我能够理解他的压力，我很看好他，相信他一定会成功。当然这并不容易，因为他始终认为我会永远把这件事归咎于他。总之，我必须打动他，从他的角度出发，而不是将某些事情强加于他。

"没有我们的参与，就与我们无关"

修复性做法的部分基础是拥有这样的信念：当那些处于权威地位的人与（with）人们一起做事，而不是对（to）他们或为（for）他们做事时，人们更有可能改变自己的行为。

社会纪律窗（见图 7.1）帮助我们了解修复性做法如何需要高度控制和限制与高度支持、鼓励及培养之间的平衡。

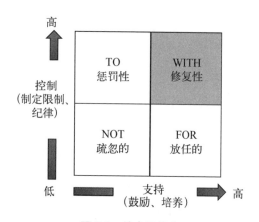

图 7.1 社会纪律窗

（经修复性做法国际研究协会许可复制，"Defining Restorative"，www.iirp.edu）

高控制和低支持形成一种充满惩罚、侮辱和专制的环境，相当于将事情强加于人。正如我们所知，作为教师，我们都知道当校长或政府试图在没有我们参与的情况下把事情强加给我们时，我们会多么地恼火。特殊学校里有一句关于和学习困难孩子一起相处的话，很好地总结了这一点：没有我们的参与，就与我们无关（no about us without us）。

低控制与低支持造就一种忽视和不负责任的环境，相当于成年人什么也不做。这是很危险的，人们会因为这种情况引起的安全感缺乏而感到危险，没有人（甚至包括成年人）对任何事情负责。

高支持和低控制造成一种放任的、家长作风的环境，当权者会为人们处理一切事情，一旦人们被过度保护，意识到人们对他们期望很低或者根本没有，那就很难让他们对任何事情承担起个人责任。

高支持和高控制形成一种优先与人合作的修复性环境。这一点非常重要，因为在高支持下，参与者感受到的威胁会下降，但是仅在限制被明确设定以至于他们对自己参与程度的期望感到安心时。还要记住的是，修复性策略包括让人们承担起责任，而要做到这一点，环境必须安全可靠。

修复性做法的连续体

如果您曾听说过解决冲突的修复性做法，您脑海中浮现的做法可能是一次正式会议，但实际的做法比这个更多。事实上，在理想情况下，当一名教师或者一所学校采用修复性做法作为他们的惯常方法时，他们可能很少感到有采取正式修复性会议的必要。

修复性做法包括对伤害、错误行为或者冲突的任何反应，或更为重要的是，任何能够积极促进相互尊重、关心他人和协作解决问题的沟通与合作方法，以阻止冲突或减少冲突发生的可能性。

因此,它们的范围包括从您作为成年人通常使用的非计划情感表述形式的语言一直到计划周详的正式会议,如图7.2所示。

图7.2 修复性做法的连续体

整个连续体的一端是一个人向另一个人表达他们行为对他人影响的情感表述——"你剥夺了班上其他同学的学习时间,这是不公平的"。这样未必会得到期望的回应,但它足以使孩子清楚地看到自身行为带来的影响,比直接说"请你安静"更有用。您可能将这些方法用于处理一些低水平的干扰,随后可能需要在适当的时候提出一个情感问题,比如:"当你这么做时,你认为贝基(Becky)感觉如何?"这些表述和问题都是为了激发孩子反思自己的行为是如何影响别人的。

修复性做法培训师马克·芬尼斯提出了一个非常有用的情感表述模板。

当你……(行为)时,我感到……(影响)。我需要你……(做什么)。

这种表达简短、亲切,比如:"当你在课堂上讲话时,我感到很沮丧,因为你打断了其他准备好好学习的人。我需要你停止讲话,认真倾听。"情感表述也可以为您赢得一些时间,让您清楚几分钟后问题将被再次提起,比如:"当你⋯⋯(行为)时,我感到⋯⋯(影响),我需要稍后/出去一会儿/课后和你好好谈谈这个问题。"然后,您可以在远离全班其他同学的地方和该同学进行更深入的修复性谈话。

反 思 点

在回应课堂上低水平的干扰和小问题时,尝试尽量多用情感表述和问题取代空洞的表述和命令。

操场修复或走廊修复是我做过的最公开修复工作的地方。这个工作是即兴的,往往是为了回应相对较小的冲突或分歧。通常情况下,当学校监督比较薄弱,孩子们有更多空闲时间时,即在课程转换时间、放学前后以及课间和午餐时间(故名操场修复或走廊修复),这些问题往往更常发生。这种工作是非常迅速的,旨在立刻解决问题,不用于解决持久性问题。我遵循一个简单的设计安排:

- **收集信息**——"发生了什么事情?你同意对方说的吗?有需要补充的吗?"
- **了解影响**——"这件事情影响了谁?他们是如何被影响的?"
- **寻找解决方案**——"你需要做些什么来解决这个问题?你认为呢?你们双方都开心吗?那就好。明天早上来见我,让我看看你们怎么样了。"

如果这些小事被扼杀在萌芽状态,所有涉身其中的人都能感到情况已得到圆满解决,那么它们就有可能不会波及课堂或者持续存在。作为一名校长,我确保自己尽可能在学生换课时就在他们附近,并且每天在课间休息、午餐时间和放学后的值班也是如此。这使我能够解决许多如足球场上的摔跤、篮球场或攀爬设备上发生的冲突等较小事件。不过,如果这样做了,我总是尽力确保值班教师知道发生了什么事,我们已经做了什么去解决它,以防止出现问题。这有助于他们对可能爆发的紧张局势保持警惕或者理解可能提出的意见。

所有这些非正式和即兴的过程都会产生累积效应,因为它们已经成为日常语言中不可或缺的一部分,并逐渐融入"我们这里的处事方式"中。

反　思　点

- 在需要您介入解决两个孩子之间的问题之前,您不必去做过多工作。尝试"收集信息—了解影响—寻找解决方案"三步法,尝试随着时间的推移评估这一方法的有效性。

对于持续存在的问题或更严重的事情,你可能需要求助于小组会议(有时称圆桌会议,小学生往往倾向于圆桌会议)的修复性工作。例如,一些孩子因不恰当地使用社交媒体而出现问题时,或者通过更正式的会议来解决欺凌问题时。

当没有明确的人对另一个人或者其他人造成伤害,或者您想避免潜在的赢/输局面时,小组会议或圆桌会议是正式会议的一个很好的替代方案。小组会议让每个人都有机会在安全、无干扰的环境中发言和倾听。这的确需要进行管理,有时会使用"脱口秀"

来表示允许一个人发言，以防止众人激烈争辩。与正式会议不同，它们可以快速发起，尽管本质上更灵活，但是它们通常也会遵循以下详细阐述的结构。

正式会议需要提前计划，仔细考虑哪些人需要参加、会议的地点和参会者（例如一个孩子或多个学习困难孩子）的需求以达到最佳效果。在主持前两三次修复性会议时，我严格按照既定流程进行，以确保不会出现差错，但他们都觉得有点生硬。后来，当我拥有自信，并且能够更加灵活地回应孩子们透露的信息时，做那些事情就更加流畅了。我采用的会议基本结构有两种：一种与操场修复相同：收集信息—了解影响—寻找解决方案。在这个由三个部分组成的结构中，参与者在进入下一个环节之前都会被告知。另一种形式是，在最终从受害人那里得到他们希望会议达成什么样的结果之前，首先对造成伤害的人进行提问，然后询问受害者问题。我更喜欢在进入下一个阶段之前向每个人收集信息，根据我的经验，当第二个或者后面的参与者有机会发言时，您不可避免地会回到那个阶段。

您可以提出一系列问题（见下文），同时需要注意这些问题是开放式的，旨在获得信息，而不是确保达成一致或得到是/否的答案。显然，提问所用语言、问题数量以及孩子们的交流和认知能力都是至关重要的考量因素。根据我的经验，提供足够的处理时间让孩子们去组织他们的回答也很重要。切勿试图打破沉默，或不断地重述问题。

收集信息的提问建议：

• 发生什么事情了？

- 告诉我们，是什么事情让我们今天聚集到这里？

- 在这之前发生了什么事情？

- 后来又发生了什么事情？

- 现在你觉得怎么样？

- 你当时在想什么？

- 你看到了什么？

- 你听到了什么？

- 你说了什么？

- 还有谁在场？

- 你当时对此事有什么想法？

- 这件事发生以来你有什么想法？

了解影响的提问建议：

- 这件事对你有什么影响？

- 这件事影响了谁？

- 他们是如何被影响的？

- 你觉得现在的情况怎么样？

- 对你来说，最困难的事情是什么？

寻找解决方案的提问建议：

- 现在需要做什么？

- 你需要做什么来进入下一步？

- 你能做什么来修复这种关系？

- 那个什么时候会发生？

- 你觉得那个建议可以吗？

- 你同意那个做法吗？

- 如果你做不到，那你能做什么？

回到本章开头马克·芬尼斯的睿智之言,我们在学校里试图纠正不良行为的很多做法仍然是根植于惩罚性回应,而不是与他们一起合作,帮助他们对自己的行为和选择负责。修复性工作提供了一种让那些在惩罚制度下可能成为被动接受者的孩子参与进来的方法。在修复性工作中,孩子们积极参与讨论,并参与决定如何修复。

鉴于在某些情况下很难确定错误所在,修复过程教师也要善于处理歧义。事实上,正如我在第二章中提到的,发生冲突的双方往往都有很多需要解决的问题,孩子们必须感觉到您很上心地帮助他们解决问题,就像您很上心地解决自己或某人的问题一样。

最后,解决冲突的修复性做法将每种消极情况都看作个人学习和成长的机会,并被明确设计为以简易惩罚性回应永远无法做到的方式努力实现这一目标。

进一步讨论——问题和相关活动

- 作为一所学校,我们准备好接受修复性原则了吗?

- 如果是这样,我们需要接受哪些培训?

- 我们目前处理欺凌的方法是什么?

- 我们处理小问题时所用方法是否符合修复性原则?

- 午餐时间监督员是否需要接受培训才能以修复性做法来处理小问题?

- 我们为同行调解员提供了哪些培训和支持?

注释

1　Council of Europe Annual Penal Statistics, *SPACE I — Prison Populations*

Survey 2015, p. 58. http://wp.unil.ch/space/files/2017/04/SPACE_I_2015_Final-Report_161215_REV170425.pdf (accessed on 11 December 2017).

2 *Do England and Wales Imprison More Children than Any Other Countries in Europe?* Full Fact website. https://fullfact.org/news/do-england-and-wales-imprison-more-children-than-any-other-countries-in-europe/(accessed on 11 December 2017).

3 Thompson, F. and Smith, Peter K. (2011). *The Use and Effectiveness of Anti-bullying Strategies in Schools*. DFE-RR098. London: Department for Education. p. 94. Available at www.gov.uk/government/uploads/system/uploads/attachment_data/file/182421/DFE-RR098.pdf (accessed on 11 December 2017).

第八章
与家长合作改善行为

合作是一种坚定的信念，众志成城，必有所得。

——弗吉尼亚·波尔登（Virginia Burden）

本 章 要 点

- 当家长被尊重以及被作为平等伙伴对待时，与之合作改善行为是最有效的。

- 与家长建立联系不宜太迟，尽早开始可以建立信任和家长们对您的信心。

- 确保在家中以及事情进展不顺利时您都能传达积极的消息。完全消极的联系对您和家长来说都是令人厌烦的。虽然家长会寻找改善的迹象，但这些迹象很难在家中被看到。您要让他们知道。

- 要坦率。对家长不要隐瞒问题。他们想知道发生了什么和他们能帮什么忙。

- 倾听家长的意见。我的意思是，真的听。克制一开始就和他们谈话的冲动，让他们告诉您他们需要什么——您会听到很多。

- 不要期望家长在家里为在学校发生的事情实施约束或惩罚，这会适得其反。

> • 向家长表明您需要得到他们的支持，以便孩子们从所有成年人那里得到明确一致的信息，强烈感觉到你们在同一立场（孩子的立场）上共同努力。

在我接受过的所有行为训练中，从未提到过家长，一次也没有。六年的领导生涯之后，我们与家长建立的伙伴关系成为我们最大的成就之一。现在我可以坚定地说，这是以前一个明显的疏忽。当然，您可以在没有家长参与的情况下改善行为，但这可能需要更长的时间，如果家长没有在其中发挥作用，支持您获得你们共同期待的改善，您会更容易失败，并有遭到家长抵制的风险。如果他们作为平等的伙伴参与进来，我可以向您保证，基于过去建立起来的关系、尊重和信任的强大力量，任何未来可能出现的问题都将更容易解决。这并不意味着它将一帆风顺。因为孩子的行为引起了人们的忧虑，您正在与家长合作，以改善这些行为。对家长来说，这将是一次深刻的情感体验。如果我们从家长那里得到了情感回应，我们应该珍惜。

尊重

我已经不记得有多少家长和我说过，教师赢得人心的最快方式就是直呼其名。家长是一个独立的个体，尽管这听起来微不足道，但是将某人称为"奥斯汀妈妈"而不是米切尔夫人可能会让您出师不利。您可能必须到学校的电子管理系统去查询您需要的电话号码，家长的名字几乎可以肯定会紧挨着那条信息。因为奥斯汀的姓很可能是米切尔,但父母中一方或者双方可能有不同姓氏,所以最好核实一下。若因为号码在快速拨号♯1上,您不必求助学校电子管理系统,也可能知道家长名字。

反 思 点

- 思考这样一个例子:当您与家长合作,成功改善了孩子的某个行为,您会将成功归因于什么? 您怎样将这种方法重复应用到其他家长身上?

- 思考一个与家长合作但并未有效改善孩子行为的例子。您能指出为什么它没有像您预想的那样成功吗? 您如何确保下次不会这样?

信任

家长将孩子交给我们照顾,每天 7 小时左右,一年 190 天。在某些情况下,比如我教过的孩子身体症状复杂,学校里的成人不仅要教他们知识,还要照顾他们的身体。家长必须对我们的能力持基本的信任(见下文),而我自己也看到了这一点。如果家长认为我们不能胜任这项工作,双方的关系确实会非常紧张。布雷克和施耐德(Bryk and Schneider,2002)[1]通过四个关键要素描述了对学校的信任:尊重、能力、诚信和对他人的个人关怀。我已经在前文提到尊重和能力。对选择与孩子们协作的成年人来说,诚信是一项基本品质,我们通过与我们的信念和学校的精神及原则相一致的行动向家长展示我们的诚信。个人关怀是最优秀教师的核心——他们的言行远远超出了自身的工作岗位职责。有趣的是，布雷克和施耐德还指出，在以高度信任关系为特征的学校里，教师和家长更有可能为了儿童教育工作成效而以合作方式协同工作，这至少对我来说毫不奇怪，孩子们在学习上有了显著进步。相比之下，在那些被认为信任程度不太高的学校，孩子们在阅读和数学上的成绩进步较慢。

合作

与家长们一起合作，不仅仅是告诉他们什么在学校不起作用和你打算怎么做。这一点很重要。但如果你们的联系到此结束，您就错过了一个机会。你们的目标是达成一个协议，即你们每个人都要扮演一个角色，清楚地知道你们需要做什么来改善现状。我通常喜欢在孩子们完全知情和在场的情况下完成它，因为他们在这一过程中也起着明显的作用。我也喜欢亲自召开会议，我知道并不总能这样做，但是眼神交流、阅读肢体语言确实能促进沟通效果。我更愿意让家长在这些会议开始时就说话，我强迫自己专心倾听（我本身是一个很健谈的人），记大量笔记，在脑海中思考我们将要一起去做的事情。我也非常清楚，对一些人来说，学校可能是不讨人喜欢或令人生畏的地方，所以至少从一开始，这可能是一个例外。显然，学校内部可能有更多的工作由学校教职工去做，家长可能起着支持的作用，但不要低估这一作用的力量。如果我们觉得家长不支持我们，或者主动破坏我们的工作，我们可以对他们进行批评，这是一个和家长明确表明其支持至关重要以及何种形式的支持能确保他们孩子的行为得到改善的机会。正是在这一点上，我们与家长合作时经常犯的一个最普遍错误，是要求家长在家里为已经在学校发生的事情承担后果，实施约束或惩罚。我强烈认为这不仅是错误的，而且会适得其反，尤其对家长而言。学校里发生的任何事情都需要在学校处理。在家里，家长可以通过多种方式提供支持，但将后果、约束或惩罚延伸到家里是没有意义的。它被用来增加我们想让孩子们体验的不适感，其背后是这样一种逻辑，即成人简单地运用权力，比如，拿走孩子的游戏机或手机一段时间，就能改善孩子的行为。它与我们在第五章中讨论的使用奖励时遇到的现代行为主义做法属于同一类。

在改善孩子在校行为方面获得家长的支持后，在孩子情况有所改善时应及时告诉家长，这点至关重要。我在第五章中强调了认可进步的重要性。家长往往都心系学校，因此，当情况有所好转时，需要明确告知他们（记住，他们迫切地想知道）。

反 思 点

- 除了处理学校里的问题，您想通过在家中增加惩罚达到什么目的？
- 您可以要求家长在家中做什么来支持您，从而避免他们将没收孩子物品或不准孩子出门作为对在学校所发生事情的额外约束？

我们需要家长做什么

与家长合作比没有家长合作更好，这是显而易见的。那我们究竟需要他们做些什么来帮助改善其孩子的行为呢？不要忘记，家长可能也需要我们做些什么。克莱尔·瑞安（Claire Ryan）在后面强调了这一点。

清晰、一致的信息

有时您和家长可能会有分歧，但最终您需要他们公开支持您。这里有一个很好的例子：一名从主流中学转入我们学校的男生，有时候他会在白天放学时回家，而不是再待一会儿，完成一些他本该在上课时间完成的作业。这种事情发生后，我们就给他家里打电话，他妈妈马上开车送他回学校。给他的信息非常清楚——我们和他妈妈是一伙的。有趣的是，他本可以早点下车，到处闲逛一会儿，然后在下午 6 点进家门。他知道妈妈承诺过一定会想方设法让他完成作业，回避它只会让事情变得更糟。

成功策略的建议

家长比我们更了解自己的孩子，所以如果不利用这一点，我们就是傻瓜。的确，有时家长可能也在努力解决孩子的校外行为，这虽然不意味着他们是行为专家，但意味着他们的意见很重要，我们必须听取他们的意见。

留出时间

我之前就明确表达过我的观点，家长不要因为学校里已经发生并且处理过的事情在家中加倍惩罚孩子。不过，我们真的需要他们留出时间在家里和孩子将事情说清楚。为了支持我们，他们需要了解我们正在努力实现的目标，了解事情的进展情况，这就是为什么我们的首要责任是与家长做好沟通。如果做得好，报告可以很好地发挥作用。一份学校用于更详细地监控行为，帮助孩子记录其一天进展情况的报告，可以成为家庭中谈话的核心内容。

有些学校使用纸质版(这可能冒着它永远不会被带回家或出现在第一堂课上的风险),而有些学校的家长可以在线查看相关信息。家长和孩子可以进行更深入的对话,因为他们可以借助一些信息开启谈话,而不是仅仅限于"今天在学校感觉怎么样?"这样的话题。如果家长以"今天的数学课似乎很成功,它跟上节课有什么不同?"开始,这对他们是有帮助的。如果有必要,我们可以建议家长先从成功的事聊起,而不是直接说"好吧,看起来今天的科学课是一场灾难!发生什么事了?"

反 思 点

- 为了让家长在家里全力支持您的工作,您需要向家长提供什么信息?
- 家长如何及时获取信息?从谁那里获取信息?

家长的观点

克莱尔·瑞安,一位自闭症孩子的家长,也是"雄心勃勃的自闭症慈善机构"的家长赞助人,她根据自身经历向教师提出建议:

请记住,许多家长都曾不得不为寻求支持而奋斗,也都曾目睹过孩子的失败。这并不意味着他们变得"难以相处"或"难以接触"。这意味着如果没有创造性的想法、时间、耐心和工作,则不会出现信任。有些家长以前从未有过积极的家庭/

学校关系，但他们非常需要这种关系。打破这些障碍需要信任，而要建立信任，就需要诚实和尊重。

诚实对于建立信任至关重要。不要觉得说"我不知道"或"我不是最适合提供帮助的人"会让你看起来不专业。事实恰恰相反，了解自己的局限，并在别处寻找合适的人解决问题，是成功的关键。

始终认真对待家长的担忧，并且询问："您的建议是什么？在家里做什么有效？我们如何帮助您？您认为最终目标是什么？"

这个建议是无价的，今后在与家长合作的时候，我们都应该以此为标准。

沟通

我与家长沟通有三个基本原则：

1. 尽早开始。

2. 确保积极的和消极的信息都能传递到孩子家中。

3. 诚实。

当我在一所综合学校工作时，在某些情况下，我确实因为没有尽早与家长取得联系而感到内疚。如果我早点与家长联系，就能采取更多措施防止事态进一步恶化，这也难怪家长们会感到沮丧。值得庆幸的是，绝大多数读者在他们的职业生涯中，从未对孩子进行过身体上的约束，因此，当您知道这种情况真的发生在学校并且没有法律规定必须通知家长时，您可能感到很震惊。但这点震惊与家长在每年的晚间咨询会上得知自己孩子在那一年曾多次受到身体上的约束后的震惊相比，就变得微不足道。如果您在那些年度会议上向家长透露一段时间以来情况都不是很好，也会面临同样的情况。"您为什么不早点告诉我？"这可能是他们问您的第一个合乎情理的问题。回想过去，我没有与家长联系的主要原因，是我很少与家长交谈或见面（见后文关于中学里的沟通）。现在看来，这似乎很可悲，但这是我所在的工作环境形成的文化，我思考得不够深入，没有意识到它是我应该多做的事情。

接下来说说我的第二个原则。当我最终的确需要与家长联系时，不可避免地要传达一些坏消息。这就是为什么有些家长在孩子上学时害怕电话铃响的原因。我们非常努力地确保与家长积极沟通。当我接通电话介绍自己，或抢先说"顺便说一下，卢卡斯很好，没有什么可担心的"这句话时，家长依旧常常会问："他又做了什么？"我知道一些家长需要立刻得到保证，这让我很难过。所以，请记住，对有些家长来说，在某些情况下，多年来与学校的联系无一例外都是负面的。

您与家长沟通的次数很大程度上取决于几个主要因素。小学教师与家长的沟通，尤其是面对面的沟通，可能比中学教师和家长的沟通更为常见，并且会有巨大差异。显而易见的原因是，小学每天上学与放学时，会有很多家长都待在学校门口或操场上，许多教师在这个时候都会带着班级学生走到操场上，所以家长很容易接近教师。如果需要，这段时间很自然地成为家长和教师定期讨论问题的机会。小学的另一个优势是孩子们可能有一名或两名教师，因此教师与学生的关系会更加亲密，家长可以放心，教师非常了解他们的孩子。在中学,绝大多数教师可能在两个年度家长会之间见不到学生家长,有些甚至在家长会现场也见不着。每个孩子每周会接触十个以上的教师,因此班主任很可能是第一个与家长接触的人,但是他们有一项更加艰巨的工作:了解学生们整周的表现情况。因为有多种沟通渠道可供我们使用,因此,无论如何,距离似乎不是障碍。

我的儿子即将转学,在最近一次信息交流会上,我们被告知记事本是学校和家庭之间沟通的一种方式。基于多种原因,我认为这有一定的局限性:您(教师)想和家长交流的东西,并不想让孩子或其他孩子看到;记事本方框提供的空间非常有限;不能保证记事本交到该交给的人手里;您孩子不再是那个需要额外阅读记事本几天的教师教的孩子等。我在学校一直提倡教职工和家长建立一种适合他们的沟通方式。这是我们在学年第二周"与导师相约之夜"的主要成果之一。家长和教师会找出他们之间最有效的沟通方式,所以我认为,校长没有理由强加给他们一种单一的沟通方式。对一位家长来说,最有效的沟通方式可能是写一封电子邮件;对另一位家长来说,最有效的可能是打一通电话。而对其他家长来说,如果他们孩子的名字出现在报告上,家长可能更愿意看到报告,这样他们就可以每个晚上与孩子好好谈谈了。教师们自然会担心这会可能陷入一场混乱,但我的经验表明,这种情况很少发生。我决定把所有教师的电子邮箱地址发布在官网上(很多学校也这样做了),并做好准备以应对汹涌而来的电子邮件,但是这种情况从未发生过。家长们在使用邮件的时候都很认真负责,这与他们自身繁忙的生活非常契合。我自己的邮箱地址也公布在那里,因此家长可以根据需要直接联系我。我想知道我是否会收到大量邮件，但这同样从未发生。家长会告诉我一些好消息，或他们认为教师第二天需要知道的消息，例如宠物的死亡，因为他们也知道每天晚上我都会查看邮箱。

对我而言，最大的禁忌是把与家长联系作为一种威胁。"你再这样，我就给你妈妈打电话！"这是行为主义的一种方法，但我听过无数次。它是当一名教师想到这种威胁（它是威胁，我们不要假装它根本不是）足以影响孩子改善自身行为时可能运用的方法。这个问题背后暗指，如果孩子的行为在那时得到改善，教师将不会告诉家长。如果我被问到"您打算打电话给我妈妈吗？"，我的回答总是一样的——"是的，你父母有权知道你在学校的表现。当你表现好时，我会告诉你父母；当你的行为需要改善时，我也会告诉他们。"

您如何向家长传达好消息，可能会受到学校政策的影响。有些学校使用那些通常是孩子们设计的明信片，您可以在明信片上写一个简短的便条。这些被寄到孩子们家门口的明信片带来的惊喜效果非常好，特别是当家长也不知情时。但是就像在课堂上使用表扬一样，这可能有点过头了。如果因为一些无关痛痒的理由每隔几天就寄去一张，效果就会迅速消失。明信片、记事本和电子邮件都是不错的方法，但我最喜欢打电话或者与家长面对面交流（如果家长放学时在学校门口）。我与家长进行简短交流的效果，远远比写明信片和发电子邮件好得多。我的另一个最爱是发一封含有一张或者多张照片的电子邮件，这些照片可以是学校活动、一件杰出的作品、一项体育活动或仅仅是在班级中随意抓拍的东西。这些天来，学校拍摄了大量照片，我们用许多办法将它们集中储存起来，这样教师们就可以随时获取它们。将一封附有照片的电子邮件寄到家长邮箱,并在信中写上"看看赛伯(Seb)今天在学校完成的事情多棒啊!",会有非常不错的效果。鉴于家长实际上无法每天看到学校里发生的事情,因此照片是他们了解孩子们早上九点到下午三点生活的一个小窗口。如果您像我一样,教的是那些有交流障碍、无法详细表述他们的一天是如何度过的孩子,或者那些对在学校发生的事情一律回答"不知道"的孩子,那么这些照片就非常重要。我知道明信片可以作为纪念品保存,但记住,您也可以把它寄回学生家并用它来联系家长。无论学校的政策如何,确保以某种方式将好消息传到孩子家里。我们是一个富有创造力的团体,我知道教师们想出了各种各样的方法来实现这一目标。

反 思 点

- 传递给学生家庭的好消息与坏消息之间的平衡点是什么?这是否需要均衡?如果需要,它将如何均衡?由谁来负责均衡?
- 是否由于沟通系统不够灵活而使一些家长被视为难以接触?您怎样解决这个问题?

进一步讨论——问题和相关活动

- 与家长沟通时,我们是否有足够的灵活变通性?我们还能做些什么来改善与家长之间的联系?
- 我们是否给一些家长贴上"难以接触"的标签?我们需要做些什么来使家长更容易联系我们?

- 看看我们的校园文化——我们是一所全力以赴把好消息带给家长的学校吗？我们如何做到这一点？

- 我们有没有因为学校发生的事情要求家长用诸如没收孩子家中设备的方法来支持我们？我们可以让家长做些什么来代替它，从而更加有效地支持孩子改善行为？

注释

1　Bryk, A. S. and Schneider, B. (2002). *Trust in Schools: A Core Resource for Improvement*. New York: Russell Sage Foundation.

第九章
与教辅人员合作改善行为

团队合作不是一种选择，而是一种要求。

——约翰·伍登（John Wooden）

本 章 要 点

- 助教是我们课堂上促进孩子良好行为的最有价值的人。

- 当教师和助教在没有等级制度的情况下像同事一样通力合作时，就形成了一种优秀的行为文化。所有成年人都能得到孩子们同样的尊重。

- 教师需要与助教进行良好的沟通，确保他们知道：

  ○ 您的规则和期望；

  ○ 在面对不良行为时，您想要他们做些什么；

  ○ 他们做哪些事情时不需要征求或听从您的意见；

  ○ 在班级所有针对特定孩子的积极行为计划中，您需要助教做些什么来支持这个或这些孩子？

- 针对特定情况商定的策略（也称脚本），通过以下方式帮助教师、助教和孩子们：

  ○ 阻止孩子们采用"问爸爸，问妈妈"的方法；

  ○ 依靠商定的口头回应与其他行动，帮助成年人应对压力环境；

○ 语言简明扼要，从而避免过多的语言要求使孩子负担过重。

- 虚心倾听助教说的话，并询问他们的意见。他们通常有许多改善行为的好主意，而且他们自己也很擅长这样做。
- 认识到有时候在处理某个行为的过程中，你们中的一个人需要离开，换其他同事来接手。
- 如果你们中只有一个人与某个特定孩子相处过，那么支持行为改善的团队合作就不那么有效。对某些一周大部分时间与一名或多名教辅人员在一起的有特殊教育需要的孩子来说，有时情况就是这样的。

我当了 17 年教师。在这段时间里，我看到助教人数有了很大增长。当我在千禧年之初第一次在一所中学开始教书时，我常常是独自一人；而且在我接受教师培训期间，我肯定没有接受过与助教合作的培训。我妻子的经历也很类似。她估计一名助教每周要在小学工作五个小时。如今在小学的班级里，一周的大多数时间（即使不是全部）似乎都配备了助教。中学这种情况较少，但最近这一数字大幅增加了。韦伯斯特和布拉奇福德（Webster and Blatchford，2017）[1]指出："自 2000 年以来，英格兰主流学校的全日制助教数量同比增加了两倍多，从 79 000 增加到 2016 年的 265 600。2016 年 11 月，助教占英格兰学校全体员工的 28%：其中，托儿所和小学员工占 35%，中学员工约为 14%，另有 50% 的特殊学校员工。"与助教合作的工作心得值得编成书。幸运的是，韦伯斯特等人（Webster，Russell，and Blatchford，2016）[2]做到了这一点,他们编写了《将教学助理的影响最大化：给学校领导和教师的指南》(*Maximising the Impact of Teaching Assistants: Guidance for School Leaders and Teachers*)。我在这一章里专门阐述与助教一起合作来改善行为。助教是您最好的合作伙伴,他们薪水不高,但专业水平通常很高。我把他们比作伦敦塔的渡鸦,如果没有他们,我们的工作会比现在困难得多。我在这里非常仔细谨慎,是因为要避免两个主要问题。首先,可以推断,助教是为那些我们认为行为最难管教的孩子调配的。助教不是教师,但他们是成年人,或者您班级里的另一个成年人,所以,如果您期望他们不参与帮助他们所陪伴孩子的行为既不合理,又浪费了作为一个有凝聚力的团队工作的机会。其次,助教被调配来是协助孩子们学习的,但是如果让助教成为孩子们实际上的教师是很危险的。我的意思是助教成了独自教这个孩子的成年人。这种情况随着时间的推移有时会逐渐发生,成年人习惯采取教师开始上课或活动的方法,虽然没有明确规定,但教师和助教都很清楚,助教的工作就是专心倾听,然后思考如何为"他们的"孩子量身定制手头的任务(我这么说,是因为我遇到许多助教都是以"我的观点是……"或"我的孩子……"这样的口吻来表明他们的主人翁意识)。孩子们也在场,因此他们知道自己不需要听教师的话,因为一旦教师停止讲话,他们就会从助教那里得到指导。他们甚至可能离开教室去做别的事,也许会一起忙着整理用具。

将问题扼杀在萌芽时

您班级里的另一个或几个成年人可以不断强化您对所教孩子

的期望,不断认可好的行为,不断在小事发酵之前将它们扼杀在萌芽状态。相比助教根据您在课堂上想要的东西为您提供有益的持续强化和支持,这一章中提出的所有建议都是次要的。稍后我将再次提到助教了解您的规则和期望的重要性。因为如果不了解这些,他们将无法有效地为您提供支持。一旦教室里的所有成年人明白哪些是可接受的,哪些是不可接受的,他们便可以着手去帮助孩子们达到这些期望。这意味着,在没有您提示甚至您不知情的情况下,会出现以下各种言论:

- "在奥布莱恩先生要求之前,大家把作业拿出来放到桌上,准备上交。"
- "达伦(Darren),进门之前,整理好你的领带。"
- "阿莉莎(Alisha),这些问题你回答得非常好。"
- "乔迪(Jody),你昨天在数学课上表现得非常好,今天请继续加油。"
- "丹妮尔(Danielle),我正打算给你父母写张报告好消息的明信片,表扬一下你今天上课的表现。"
- "迪亚(Dia),给我说说学习时说话的规则是什么? 对,所以请不要再说话了,接着学习吧。"
- "利安娜(Leanne),让我看看你是否已经把作业记到你的记事簿上。我知道你上周没有将作业写在记事簿上,结果忘记完成作业。"

往往在您不知情时,小事就已经被解决了;它们没有恶化,而且事情进行得更加顺利。相反,如果没有团队合作,所有的事情都要交给您解决。当我还是一名实习教师时,就发生过这样的事:助教双臂交叉地坐在那里,对您的无力应对摇头叹息。

考虑到低水平扰乱被报告为教师、家长和教育标准局最关注的行为问题之一[3]，您班级里其他成年人的有效支持对减少或消除这一问题起了很大的作用。

团队合作

助教出现在您的班级里是有原因的。也许您有一个可以调配的班级助教（就像在许多小学班级一样），您可以根据自己的需要在每节课或每项活动中安排他们的工作。由于一些特定的孩子有特殊教育需要——无论是医学上的、学习上的还是行为上的需求（或是这三种的某种结合）——一些助教可能被指派与他们一起工作，这意味着在这个中学环境中，您班级里的助教差不多可能每一节课都换。无论你们的人员配备如何安排，你们在一起时就是一个团队，这个团队应该尽可能地高效运作才能实现每个人的利益最大化。显然，随着时间的推移，小学班级中的教师和助教会建立牢固的关系，因此在那些优秀的班级里，他们的常规工作、脚本、对不良行为的回应以及在第一时间阻止不良行为发生的预防工作几乎可以变成自动化。同样，在高效率团队中，对孩子们来说，不存在权力等级制度。助教从来不会说"你给肖老师惹麻烦了，我要让她过来处理这件事"。这里所有的成年人都受到同样的尊重，孩子们以同样的方式回应所有成年人。我知道，这种缺乏明显等级制度的做法并不是我交谈过的一些教师普遍喜欢的，但是对我来说，这种诉诸权力的做法是弱势的表现，与教师说"去见校长吧！"没什么区别。它表明两点，一是教师已经没办法了，二是资历对改善行为有神奇影响，但对于第二点，事实并非如此。

课堂上成年人之间的凝聚力不是偶然发生的,而是通过成年人之间良好的沟通、高度的相互信任和尊重以及过程中的现场指导、辅导和培训实现的。在中学环境中建立牢固伙伴关系的能力并不容易获得,因为您可能与一个特定的助教每两周只共事一个小时。虽然这种状况将导致建立牢固关系需要更长时间,但它仍然是一个非常值得追求的目标。在接下来的章节里,我将介绍我认为重要的领域,以确保您与助教的合作关系有助于您课堂上的学生表现出最好的行为。

沟通

　　助教们不会读心术,但是您问任何一个助教,他都会告诉您,与一些教师一起工作时,他花了很多时间去猜测教师想要什么,因为教师根本就没有告知他要做些什么。这样的话,他们既不能支持我们,也不能做好自己的工作。不要让这件事发生在您身上。

反 思 点

在进行下一步之前,确保您对以下问题能回答"是":

- 和您一起工作的助教:
  - 了解您班级的课堂规则和期望吗?
  - 在应对不良行为时了解您对他们的期望吗?
  - 了解您的授权级别吗?例如,他们是否可以奖励您认定的优点或与其等值的事情?是否可以对您认定的不良行为或与其等值的事情给予警告?

◦ 了解您班级中针对特定孩子制定的任何积极行为计划的商定行动吗？

如果您对其中任何一个问题的回答是否定的，那么考虑一下您将如何解决这些问题，以便助教能够更有效地支持您的课堂工作。没有这些基本的知识，助教们将会依赖您，失去他们的权力，增加您的工作量，或在他们独自处理问题时，可能无意中与您的处理相矛盾或者削弱您的权威。

比你们偏爱哪种沟通方式更重要的是，你们开始沟通了。当我在一所特殊学校教那些有严重的、多重学习困难的孩子时，一个班级里有 9 个中学生和 3—6 个助教是很常见的。因为事先见面是不可行的，所以我们在每节课开始时建立一种沟通方式。我会直接与孩子们交谈，但是助教们同样知道我想从他们那里了解的所有事情都包含在交谈内容里。它避免了重复劳动，并且课程很快就开始了，没有空置时间。一些团队更喜欢制定课程计划，一些团队按照我上面的方式工作，还有一些则在每天早上开会提前计划。找到适合您的方法。但是如果没有计划，那么在上课开始后，您最终只能进行一个 10 秒钟的简短交流，或者只能让助教猜测您的想法，这两种方法效果都不理想。

捕捉进步

助教们在课堂上获得许多有用的信息，并且会看到我们很可能错过的东西，但如果没有方法来捕获这些信息，那么很多信息将会丢失。

如果您有特定的孩子在积极行为计划或同等行为计划里，助教可以添加有关这个孩子如何进步的信息。使用便利贴、行为计划副本上的注释，或通过平板电脑访问您的在线行为跟踪数据库，这些方法效果都不错。依靠周末、期中或期末结束时的记忆等方法，效果并不是很好。在上课过程中记录或捕获信息时需要小心，确保诸如孩子的行为计划或他们在您的跟踪系统页面上的信息不会到处乱放，或被其他孩子看到。

脚本和商定的回应

我们在第七章的修复性谈话部分提到脚本的使用。我喜欢在某些情况下使用脚本（成年人商定的行为和回应），与其他成年人合作就是其中之一。在这里，脚本可以提供帮助主要有三个原因。

一是它们依靠商定的回应帮助成年人（和孩子们）摆脱困境。当事情发生在您身边时，这可以减轻思考"我现在到底要做什么？"带来的压力。例如，您可能对一个特定孩子的不寻常行为有个预设的反应，当然您的助教也知道。比如，被要求开始做某件事时，这个孩子有时会以拒绝来回应——"我不想做！"也许孩子会把练习册或者书的某页撕掉，或者让铅笔盒掉到地板上。这些情况可能会迅速进一步恶化。但请记住，我们的首要任务是缓和紧张的局面，古希腊医师希波克拉底的观点是："首先，不要伤害。"事态会迅速恶化升级，是因为我们在面对这些情况时带着一种情绪化的回应，有时甚至是一种不具执行力的回应，比如"你会做的！我会让你做的！"因此，对胜利的渴望和不可避免的对峙开始出现。如果您想赢,孩子就要输,但他们可能不想输,尤其是在同学们的注视之下。这时,可以用下面这段话作为脚本:"我会让你去收拾东西,我们中的一人(在这里换个面孔会有效果,留下这个开放性结尾会有所帮助)会在两分钟内回来,看看你是否需要帮助。"助教或者您开始打破僵局,给孩子们一个挽回面子的机会。我认为逃避学习是因自身行为从主流中学转入我们学校的孩子的一种常见行为。他们已经确信学校无法满足他们的大部分要求(不仅仅是学习方面的),因此回避情境和任务比失败更安全(回忆第一章内容,我们需要传递给孩子的信息是,我们来这里是为了了解他们,而不是挑他们的错)。上面那个脚本也许第一次用就有效,也许无效。如果他们在学习,您可以从远处观察他们,且不用管他们,在教室的另一侧竖起大拇指与他们保持互动。如果他们还没有开始学习,您的脚本可以继续使用。如果您认为这样会有所帮助,那么可以选择换个面孔,让其他工作人员接管——举个例子:"你需要做的就是开始学习。"或者成功经历提醒,比如:"这些算术演算的方法和昨天一样,你昨天就完成得非常出色。翻回那一页,看看你是怎么做的。"

二是它们明显减少了语言的使用量。如果孩子情绪高涨(您可能也一样),那么他们专注倾听的能力就会下降。这时候发出一系列指令或要求是无效的。首先冷静而坚定地将指令限定在您想要做的事情上——"请先坐下来"——而不是发出一连串的指令,诸如"如果你还不坐下来,拿出你的课本,上交你的作业,写一封道歉信给我,马上开始学习,那我就去找校长,将你隔离,并打电话给你妈妈"。孩子们不太可能记得您刚才给他们发出的这些指令,反而更可能记得那些威胁。部分原因在于它们是威胁,也在于它们是孩子们最后听到的内容。曾经有一次，课间我在走廊上被一个孩子踢中下体，他还朝我脸上吐唾沫。一个助教（无疑是想帮忙）朝这个孩子大声喊出一连串的要求和威胁，试图控制住此事。这个孩子正处于危机之中（孩子们不会为了好玩去做那些事情），很显然无法听进别人对他说（喊）的话。"让詹姆斯到这个空教室来，他听不到你说的话，黛比（Debbie）。"我不得不告诉她。对詹姆斯，我只是简要地告诉他："詹姆斯，我们需要坐在这里。"在严重情况下，尤其是在下体受到直接撞击后，对我们大多数人来说，进行任何处理都是多余的。

三是当与其他同事合作时，脚本的另一个优势是它阻止使用"问爸爸，问妈妈"的方法。为人父母者已然习惯了这一点——如果一个孩子没有从父母中的一方得到想要的答案，那他可能会去另一方那里寻求答案，有时这个方法很管用。如果成功，从长远看，这会演变为孩子知道谁更有可能答应其要求，从那以后，他就会直奔那一方，从而减少被拒绝的可能性。您身边可能有每节课多次要求去上厕所的孩子，您怀疑这可能与学习逃避有关（这是一个充满隐患的问题。我工作的第一所学校在上课期间把所有厕所都锁上，结果导致一名教师上课时，一个十几岁的孩子在课堂上尿裤子了，后果非常严重）。对一个孩子来说，知道不管自己问谁都会立刻得到相同的答案，完全相同的答案，会使孩子的这种方法失效。这样做带来的额外好处是削弱了等级制度。教室里的成年人是一个团队，他们的期望和回应都是一样的。

脚本并不是您在某些情境下与其他同事一起工作时才使用，它们也可以在您自己独自工作时被有效使用。

换个面孔

前面提到过"换个面孔"的现象。您是否有过这样的感觉：当您在某种情形下与一个孩子待在一起时，您认为可能是您的在场导致了问题的发生？我有过，尤其是在盛怒之下，但承认这一点并不容易。我们坚持到底的决心和毅力，我们的专业自豪感和自我，有时会妨碍我们意识到如果另一个成年人过来支持您或者接手，问题可能会更容易解决，而这可能正是当时局面所需要的。我们担心自己可能显得软弱，或者退出并要求助教介入会导致失去权威。其实，正好相反，当有人认识到可以通过这种方法解决问题时，我认为这是一种职业安全感的标志。如果一个成年人已经成为孩子愤怒的焦点，换个面孔可能是成功解决问题的好办法。因为尽管孩子仍然感到沮丧或愤怒，但是他可能认为新来的成年人而不是他眼中一开始导致问题的那个人能够使情况变得更好。因为助教从一开始就和我一起上课，他非常清楚发生了什么，因此当我意识到自己有必要离开的时候，我只是问助教类似于"您能在接下来的十分钟里协助爱丽丝学习吗？"这样的问题。说这些话时要刻意低调，避免出现以下做法："爱丽丝没有按我说的做，肖特先生，让我们看看您是否有更好的运气！"

一天下午，学校同事请我去帮助达米安（Damien），他坐在学校围墙的一堵八英尺高的砖墙边沿上。"我就是达米安坐在那里的原因。"我不得不对一位非常失望的员工说道，"我的出现只会让情况变得更糟。"虽然我安排了另一位同事去帮助达米安，但我花了好些时间向那个不知道事情完整经过的管理人员解释为什么我去现场不会有什么好结果。

如果您没有意识到自己需要离开，或者您发现助教没起作用，觉得您应该接手来支持助教，这可能更成问题。一些学校，包括我工作的学校，针对这种情况已经有一个商定的脚本。我们使用的脚本来自我们合作的培训机构，它分两部分："需要帮助，"一名员工对另一名员工说，表明他们认为换人接手是有帮助的。处理这种情况的员工可能持不同意见，但如果不久之后，辅助人员很明确表示需要换个面孔，那脚本将变成"需要更多帮助"。这是一个明确的指示，一名员工将介入，同时解除原先的员工——记住这里没有等级制度，所以助教可能会对校长说这句话。他们可能仍然存在根本分歧，但作为一个团队，大家同意稍晚离开后再讨论这个问题。很显然，这不是争论同事决策细节问题的时候或地方。这的确是件罕见的事情——无论是作为帮助的接收者还是提供者，我从来没有走到"需要更多帮助"这一步，但知道常规是有帮助的，并且"需要帮助"对于重新评估情况是一个很好的提示。

依赖

助教与团队共同协作改善孩子的行为，也有助于防止成人和孩子之间建立依赖关系。我这么说的意思是，孩子的大量时间与助教在一起，由此我不止一次听到这样的话："我只与查普曼（Chapman）夫人在一起！"或者，更令人担忧但仍有可能发生的情况是，助教会说"他只听我的话"或"我是唯一能让他在这种情况下冷静下来的人"。总的来说，在我们学校，我最担忧的问题（这个远远超出本书范围）之一是：有特殊教育需要的孩子几乎全是由助教进行教导,因此您可以看到,如果教师很少或根本没有时间直接与班级里的某个(些)孩子一起协作,那接下来如果事情变得棘手,他们就不太适合支持那个(些)孩子的行为。

反 思 点

估计一下一周内(在小学)或您的课程中(在中学)接受助教支持的孩子但实际上由您教导的孩子比例,以及由助教教导的孩子比例。您需要重新调整这一比例吗? 如果需要,您打算怎么做?

与新员工一起工作

担任校长大约四年后,有一段时间,每当我想到我们已经解决了学校里的行为问题时,就有一种很危险的满足感。这种感觉没有持续多久,原因也不是您可能想的那样。绝对不是因为学生的行为开始急转直下。在许多方面,情况从来没有像现在这么好过,但我们经历了一些员工变动,并且我意识到一个非常重要的事实。来到学校的新员工并不会在潜移默化中轻易认同和形成学校的道德观,内化学校的期望和思想。我忘了一些同事并没有和我们一起度过学校的那些历程及那些艰难时刻,他们肯定感到很难迅速融入。在我来之前,已经在学校工作很久的同事凯伦总结得很好——"我们一起成长"。我们确实对新员工进行了入职培训,但无论是在时间上还是在内容上,那一点点培训真的只是触及皮毛。我没有意识到需要更加深入的入职培训和持续培训,需要尽全力使新员工理解学校行为方法的政策和基本原则的细节。我在知识、技能和经验方面花了很长时间才达到现在的水平，却指望新同事参加一个小时的入职培训就能与学校要求契合，这是我的疏忽。

当一名新员工加入您的班级时，请记住一点：他们可能经验丰富，但对贵校来说，他们是新手，或者可能是他们到学校工作的第一天。很明显，在学校您几乎没有时间对新同事进行正式培训，但您可以现场指导和在上课过程中指导他们。这可能非常有效：它是即时的、简短的和目标明确的。您必须充分考虑到您周围有30双耳朵这样一个事实，因此您需要保持谈话的谨慎和专业，我发现这比课后或放学后讨论已经发生过的情况要有效得多。

进一步讨论——问题和相关活动

- 让我们重新看一下助教的入职培训课程（您的助教都参加了入职培训课程吗？我对那些没有为助教提供任何培训的学校感到惊讶）。我们会提供哪些行为方面的培训？这足够吗？如果没有，需要包括哪些内容？

- 我们是否确保助教完全参与了在职教师教育培训（in-service teacher education and training）与持续性专业发展（continuing professional development）的行为课程？如果这些同事没有接受那么多培训或根本没有接受过培训，那么期望他们在支持行为上和教师一样有效是不合理的。

- 我们的课堂和学校有等级制度吗？我们能否授权助教，让他们为营造良好行为的文化做出更大贡献？例如，他们是否可以奖励优点/奖金/积分或给学生家里寄明信片？

- 当我们评估积极行为计划是否有所改进时,如何从助教那里收集信息?

注释

1 Webster，R. and Blatchford，P.（2017）. *The Special Educational Needs in Secondary Education*（SENSE）*Study. Final Report: A Study of the Teaching and Support Experienced by Pupils with Statements and Education*，*Health and Care Plans in Mainstream and Special Schools*. University College London Institute of Education. http：//maximisingtas. co. uk/assets/content/sense-final-report. pdf（accessed on 11 December 2017）.

2 Webster，R.，Russell，A. and Blatchford，P.（2016）. *Maximising the Impact of Teaching Assistants: Guidance for School Leaders and Teachers*. Abingdon：Routledge.

3 Ofsted（2014）. *Below the Radar: Low-level Disruption in the Country's Classrooms*. Reference No. 140157. September 2014. www. gov. uk/government/ uploads/system/uploads/attachment_data/file/379249/Below_20the_20radar_ 20_20low_level_20disruption_20in_20the_20country_E2_80_99s_20classrooms. pdf（accessed on 11 December 2017）.

第十章
特殊教育需要和行为

> 有些害怕智力缺陷的人可能从未见过残障人士。（这是）
> 基于对变化的巨大恐惧；人们不希望自己的安全受到干扰，也
> 不希望自己的价值观受到质疑，不想向那些与众不同的人敞
> 开心扉。
>
> ——让·范尼云(Jean Vanier)《成为人类》

本 章 要 点

- 有特殊教育需要的孩子并不比同龄人更容易发生不良
  行为。

- 如果他们的需求得不到很好的满足，他们的行为就会受到
  严重影响，对他们来说，学校和教室是很难学习的地方。

- 不要被标签迷惑和影响，没有哪种单一的方法可以教所有
  自闭症孩子，就如没有哪种单一的方法可以教所有孩子
  一样。

- 与学校特殊教育需要协调员（SENCo）成为好朋友，他们可
  以提供建议、指导、支持和培训，或者他们可能认识相关
  人士。

- 如果不良行为是由孩子的需求得不到支持造成的，那么对
  不良行为的惩罚和约束可能无效。

- 《2010 年平等法》(The Equality Act 2010)要求学校对有特殊教育需要的孩子进行合理调整。
- 针对许多问题推荐的支持策略值得关注,不仅有益,还很相似:
  - 使用清晰、简明的语言;
  - 积极、明确的期望和规则;
  - 让孩子重复指令和期望;
  - 提供周密的安排和常规;
  - 使用直观的支持来分解复杂任务;
  - 提供定期发展反馈。

我想用一章专门讨论特殊教育需要和残障(SEND)以及行为(behavoir)的话题主要有两个原因。第一,我看到"特殊教育需要和残障"与"行为"这两个术语一直在交替(和错误)地使用。在我们的职业中,存在一种认为特殊需要孩子更容易发生不良行为的倾向。但事实并非如此。我后面详细列出的统计数据会让您明白为什么有这样荒诞的说法。真正的原因是他们的需要不太可能得到满足(回顾第二章,消极行为如何传递未满足的需求),他们可能发现由于考试和成绩被狭隘地界定,要在我们的学校做好更加困难(记住罗斯·格林的箴言:"如果孩子们有能力做好,他们会做得很好。")。不幸的是,它们没有被很好地理解,被一些人当作教师的责备而拒绝接受。第二个原因与第一个原因有关,如果更多的教师了解如何更好地满足他们所教的有特殊教育需要的孩子的需求,那么不良行为事件将大大减少,而这对每个人都有益。

事态

英格兰教育部关于永久停学（儿童被开除，不能再返回该校）和定期停学（儿童在规定的一段时间内不能到学校）的最新年度数据引起了关注，不仅仅是关于有特殊教育需要的儿童和残障儿童方面的。[1]报告指出，与前几年的下降趋势相反，在过去两年内，永久停学和定期停学儿童的人数明显增多。关于有特殊教育需要的孩子的描述极其糟糕：

- 确定的有特殊教育需要的学生几乎占了永久停学和定期停学人数的一半。

- 在永久停学的学生中，有特殊教育需要支持的学生所占比例最高，他们中受到永久停学惩罚的人数几乎是非特殊教育需要学生的 7 倍。

- 在定期停学的学生中，加入教育、健康和保健计划或有特殊教育需要声明的学生所占比例最高，几乎是非特殊教育需要学生的 6 倍。

我想任何人对这三组统计数据都会感到震惊和悲伤。我希望您能明白为什么我在上面说很容易得出有特殊教育需要的孩子和残障孩子更容易发生不良行为的观点。定期停学和永久停学有望在约束范围的最末端，所以我在这里大胆地站出来打赌，有特殊教育需要的孩子放学后留校、在中学隔离室度过的时间，在校长办公室门外坐着的时间，以及在其他任何一个您说得出的约束上的比例都过高。在这一点上值得注意的是，英国教育标准局最近两次不同的行为评价统计数据表明，与所有其他学校行为优秀的比例（33%）相比,特殊学校被认为行为优秀的比例要大得多(54%)。[2]根据我的经验,这些视察结果表明,特殊学校在行为方面表现优异的原因就在本书里。鉴于在特殊学校工作的人员所支持的需要的复杂性,他们往往对行为有深刻的理解,且非常清楚未得到满足的需要会导致不良行为。

健康警告

在谈论特殊教育需要和行为时,我们要避免的一个主要风险就是标签的诱惑。我想澄清的是,与注意缺陷多动障碍、自闭症或唐氏综合征孩子一起协作,改善其行为没有一种单一的方法(他们有时兼有这些症状,我曾经教过一个兼有这三种症状的女孩)。事实上,任何企图用单一方法应对多种症状的人都注定会失败。我的目的是让您明白如何为这类孩子提供最佳支持,以及这些症状会如何在您的课堂上显现出来(例如,不是所有自闭症孩子都有感觉统合问题)。并非所有具有相同诊断的孩子行为表现都一样。不过,如果不考虑他们的需求,您就会使情况恶化。这就是有特殊教育需要的孩子在行为统计中比例过高的原因。

反 思 点

- 仔细观察那些似乎总是被放学后留校或以其他方式一次又一次地违反行为规定的孩子。有特殊教育需要的孩子在这里所占比例高吗?如果是这样,我们做些什么才能更好地支持他们的需要,从而使事情不会像往常一样走到约束这一步?

言语、语言和沟通需求

言语、语言和沟通需求（SLCN）何止讲话有困难的孩子所需？考虑一下有效沟通所需技能：

- 发表他人可以理解的讲话。
- 用正确的单词组合成一个连贯句子和较长篇章。
- 一个有效的工作记忆（详见本章后面的内容），以便您可以倾听和理解别人说的话，并想好自己将要回应的话。
- 理解俗语［贾拉斯，你今天到处都是豆子（你今天精力充沛）］。
- 使用沟通的社会规范。

我教的很多孩子在其中一个或多个领域有困难，但很可能在其他领域有优势。例如，有些人口齿伶俐，能够就自己选择的话题侃侃而谈一整天。他们了解许多社会交往规范，在与人交谈时能够耐心地等待另一个人说完。然而，因为他们的工作记忆跟不上谈话内容或者全部被他们将要说的话占据，所以他们并没有真正去听。我记得六年级的一次谈话，当时一个学生正在和另一个似乎很专心听的学生聊《神秘博士》（*Doctor Who*），但另一个学生不过是在等这段聊天结束，这样他们就可以聊《辛普森一家》（*The Simpsons*）了。从远处看，它就像是一次深入的沟通，但其实不过是两个人在谈论各自喜爱的事情，根本没有真正倾听对方说的话。

从事早期教育的教师非常清楚，那些在沟通和使他人理解自己面临困难的幼儿可能会因此变得沮丧而表现很差。他们对此如此明了，是因为它非常普遍——所有幼儿正在发展他们的沟通技巧和情绪自我调节能力——因此这些教师非常擅长明确地教授沟通技巧和良好的自我调节习惯。年龄越大的孩子,越容易被忽视言语、语言和交流的困难,从而被视为行为障碍。这主要是因为行为是明显的,而未满足的需求是隐藏的。这些行为有时确实就在您面前,影响了您的注意力,而潜在的原因依旧隐藏着。我把这比作专注于皮疹本身,而没有意识到这是一种看不见的、尚未确诊的病毒导致的(有充分证据表明,沟通障碍往往很难被识别[3])。例如,格里戈里和布莱恩(Gregory and Bryan,2009)发现,没有言语、语言和交流需求的年轻人会坚持完成他们觉得困难或需要帮助的任务,但那些有这种需要的人很少承认他们不理解或者需要帮助;相反,他们只会放弃。[4]研究表明,有言语、语言和沟通需求的孩子比正常发育的孩子更容易出现行为、情感和社交困难,发生率高达35%—50%。[5,6,7]

表 10.1　帮助那些行为可能表明有言语、语言和沟通困难的孩子的方法

关 注 点	帮 助 的 方 法
孩子们不听您的指令	检查一下他们是否明白您的指令,他们可以重复一遍给您听吗?
孩子们似乎没有听	确保他们理解您的语言,明确教授核心和复杂词汇*
努力告诉您他们为什么做某事的孩子	用所需词汇帮助他们解释自己的感受和行为,并且按照事情发生的顺序进行
打断别人或犯了其他社交错误显得粗鲁的孩子	针对沟通,教授和示范恰当的社会规范
放弃的孩子	首先检查他们是否理解要求

　　*言语和语言治疗师始终建议提前教授新的核心词汇。例如,如果您正在谈论一个新话题,让孩子们了解一些他们可能首次遇到的核心术语可能会有所帮助。岩浆、俯冲、震中和地震学家都是些迷人而优美的词汇,但对一个不知道您在说什么的孩子来说,这些可能会让他们感到困惑,而这将破坏他们学习极具吸引力的火山和地震主题的乐趣。

- 当您要求孩子们谈论自己的感受或进行修复性工作时,考虑一下您所教孩子的语言需求。

- 每次重新表述时,避免重复指示和问题——您可能完全知道您问的是同一个问题,但孩子们可能认为它们是完全不同的问题,可能会因为没时间回答一连串的问题而感到沮丧。"4的平方是几?""那么 4×4 呢?",这两个问题实际上是同一个问题,但在某些孩子看来并非如此。

- 关于行为的指示也是如此。重新表述可能无济于事(除非您太啰唆,或者一开始使用了孩子们无法理解的语言)。简单明了地指示始终是最好的方式。

注意缺陷多动障碍

毫无疑问,注意缺陷多动障碍是我所知道的最受人们诟病和歪曲的障碍,属于有特殊教育需要和残障范畴。受到诟病和歪曲的原因是人们一贯固化的刻板印象,认为有注意缺陷多动障碍的孩子不过是无法控制自己,也不受无能父母管教的野孩子。

注意缺陷多动障碍实际上是一种神经发育障碍,相当于一组行为症状,包括注意力不集中、过度活跃和冲动行为。鉴于在高度社会化、高度结构化的环境中长时间保持注意力、自我调节活动水平和控制冲动的明确需要,学校和教室给有注意缺陷多动障碍的孩子带来挑战是显而易见的。好消息是我们可以做很多事情,帮助处于这种状况的孩子最大限度地完成学校环境的要求。

值得一提的是，大约 60%—80% 的注意缺陷多动障碍儿童至少会有一种其他症状，如言语、语言和沟通需要（见上文）、读写困难或运动困难[8]，因此，这方面许多好的做法可能会有效地支持其他没有注意缺陷多动障碍的孩子。

帮助注意缺陷多动障碍孩子的方法

- 接受这对那个孩子来说是一个实际存在的问题，不是一个淘气的孩子决心要毁掉您课堂的问题。

- 制定清晰明确的规则和期望，以积极的方式详细描述您想要什么，而不是您不想要什么。例如，"在走廊里要轻走慢行"而不是"不要在走廊里跑来跑去"，或"当别人讲话时，我们应该静静地倾听"而不是"不要打断老师讲话"，这听起来可能没什么不同，但是"不要在走廊里跑来跑去"并不妨碍在走廊里蹦蹦跳跳、爬行或走太空步，而"在走廊里要轻走慢行"则清晰表达了您的期望。同样地，"当别人讲话时，我们应该静静地倾听"表述也很明确清晰，"不要打断老师讲话"则模棱两可，孩子可以打断其他人，或者使用以下理由：尽管他们正在讲话，但他们并不觉得这等于打断别人。

- 要知道注意缺陷多动障碍孩子更有可能有运动障碍问题（运动组织受损），您可能会在手写问题上看到这一点，并且可以通过了解打字和听写软件是手写的智能替代品来支持这一点。我不主张完全不用手写字，但有时大脑的工作速度远远超过手的工作速度，这时手写就会阻碍进程。例如，当他们正在酝酿一个内容丰富的故事时，由于他们无法足够快地将其记录下来，导致许多重要情节在他们的工作记忆中流失了。当他们手写时，可以使用铅笔夹、倾斜写字台和脚凳进一步提供支持（在职业治疗师教我写字姿势如何重要之前，我已经做了七年教师）。

- 把较长的任务分成一系列较小的任务（俗称分块），为了防止学生对教师形成依赖（如每隔 30 秒问一次："下一步做什么，老师？"），在实施过程中可以使用一个直观的计划表，例如，"首先—下一步—最后"或者"现在—接下来"。这有点像连环画，每一步都写得很清楚。它们可以是文本形式，也可以是图片形式，或者两者结合。这个很有效，比如，在科学实验中与烹饪食物时已经像这样呈现了，但是如果您需要，可以通过这种方法降低读写（和计算）的复杂性。比如，如果当前精确测量 100 克面粉是一个较难的任务，那么您可以指导孩子加入两杯面粉而不是 100 克面粉。显然，虽然您仍然想以克为单位来进行教学，但是用一个更简单的单位进行测量可以在短期内帮助孩子提高独立性（当我学习划船时，分块是一个非常成功的教学策略，教练们把整个划桨的动作分解成小块，我先把每一个动作都学会，然后学会如何将每个动作连续而流畅地组合起来，就像我们教自己的孩子系鞋带时所做的）。

- 帮助孩子理解什么时候代表某件事完成了，或一件成功完成的作品实际上是什么样的。它和分块策略一起，真的可以帮助孩子在完成一项任务时找到方向，知道什么时候该停下来。

- 定期反馈和强化至关重要，这并不意味着过度表扬（过度表扬通常无效），而是意味着随着任务的进程逐步给予建议。这与上面提到的关于独立的建议似乎有些自相矛盾，但区别是他们并不需要依赖您才知道下一步该做什么。

- 检查孩子是否能很好地理解他们将要完成的任务以及被期望的行为。让他们重复一遍，确保您或者其他员工在他们完成目标时给予认可。检查行为期望听起来似乎没有必要，但请记住，根据活动的主题或性质，我们期望或允许的内容存在细微差异，有时甚至不是细微的差异。学校会有一套固定的规则，但在广播剧录音室、学校运动场、科学实验室、食品技术厨房、艺术室和设计技术研讨会上等场所或场合，又有所不同。可接受的噪声水平或校服的规则可能会因地点的不同而有些变化（如在研发测试工作室把头发扎起来，或在广播剧录音室将鞋子脱掉）。这在小学和中学都是如此。

- 了解限时测试潜在的缺陷。这显然并不是说您应该避免使用它们，但要明白，在速度很重要的情况下，诸如写字速度之类的问题（如前所述）会引发一些问题。因此，要考虑做好一些安排，比如使用电脑打字代替手写。

- 使用成功经历提醒——过去的事情进展很顺利，至关重要的是它们为什么会进展顺利。"你上一次诗歌阅读非常好，因为你在大厅练习了好几次，在家里复习了那些难懂的词语，并且确保声音清晰洪亮，语速放慢。"

- 了解孩子的注意缺陷多动障碍是如何表现的，以及您能做什么来帮助他们。根据孩子的姿势以及坐在教室的位置来看看他们的座位。他们需要铅笔夹/脚凳/倾斜写字台吗？

- 了解孩子注意力不集中是如何表现的。孩子没有直视您，并不意味孩子注意力不集中。您真的需要坚持眼神交流吗？这对孩子来说，可能是非常令他们害怕的，甚至会适得其反，导致孩子的注意力不集中。通过让孩子们重复他们需要做的事情来检查他们是否在认真听讲。他们坐的位置也会严重影响他们的注意力。他们是不是坐在可以看到外面运动场的后排靠窗位置？我最近对一名有注意缺陷多动障碍和语言障碍的八年级学生瑞安(Ryan)进行了年度评估，那次他面向我的办公室窗户坐着，透过窗户可以看到一片美丽的树林。当他说话的时候，所说内容不知不觉从他最喜欢的数学转移到窗外正在树上蹦来蹦去的松鼠身上。

- 了解孩子的冲动是如何表现的。您可能会被持续的干扰激怒，认为这很粗鲁，或者孩子可能表现出无所顾忌的行为，或难以等待轮到他们。任何可以在短时间里帮助孩子暂停这些行为的东西都会对您有所帮助。例如，对我们来说，说话许可券对一些经常提问的孩子很有效(有趣的是，对那些从不提问的孩子也是如此)。在提问之前，孩子们交给教师说话许可券并停顿片刻，从而帮助自己控制冲动。

反 思 点

为一个或多个注意缺陷多动障碍孩子成功做计划，需要深入思考，定期回顾以下问题：

- 这个孩子在何时何地活动过度？

- 这看起来像什么？

- 这个孩子在何时何地(和我们)很好地完成了这个任务？

- 目前有什么方法可以有效地帮助这个孩子完成这个任务？(见上文)

- 需要做什么来将此扩展到他们(和我们)完成得不是很好的情况？

自闭症

在刚开始上九年级物理课时,我问雅各布(Jacob):"你能写下日期吗?"两分钟后,我看了看他的练习册,上面非常漂亮地写着"请写日期"并画了下划线,就像我当时误认为的那样。他脸上带着一副得意扬扬的表情。我认为这是一种挑衅,但坐在他旁边的一名教辅人员察觉到我的恼怒,巧妙地将我引开。课后他告诉我,雅各布确实不折不扣地执行了我的指令。雅各布有自闭症,而我当时还是一名天真的主流教育教师,对他一无所知,根本不了解他。如果注意缺陷多动障碍与特殊教育需要和残障有关联的话,那么自闭症也是一种被人误解的障碍,被误解的原因是我们常常听到这样的臆断:所有自闭症人士都有强迫症,缺乏同情心并且行为古怪。

自闭症是一种无法治愈的神经发育缺陷,它是一种谱系障碍,这意味着尽管自闭症人士有相同的困难,但不同的人会受到不同影响。英国自闭症协会(National Autistic Society,NAS)指出,自闭症孩子会有"社交沟通和社交互动方面的持续困难,以及从幼年开始的行为、活动或兴趣的有限和重复模式,在一定程度上,这些会限制和损害他们的日常功能"。[9]重要的是,要知道有一定比例的自闭症人士也会出现学习困难和/或如注意缺陷多动障碍等其他障碍。

帮助社交沟通困难孩子的方法

- 了解自闭症孩子,可能会发现沟通的微妙之处和细微差别,如难以解释的肢体语言。雅各布对我的指令所做的字面解释就是一个典型例子,他们可能会忽略或误解您扬起眉毛(记住,教师都是眉毛使用专家)、脸上的表情以及说话语气所表达的意思。其结果正如我和雅各布早些时候展示的,这种情况是双向的。我也误解了他,这就是所谓的双向情感障碍。

- 坚持简明明了的语言。他们可能会对讽刺、夸张的说法感到困惑,例如类似"我已经告诉你一百万次"或用"天上掉下来许多猫和狗(实指倾盆大雨)"这样的俗语。记得有一次,我向一位来访的准学生家长解释说,我们六年级的学生在巴黎待了一个星期刚回来,因为利奥(Leo)在旅途中路过那里并停留过,所以邀请他加入讨论。"利奥,六年级真是一个艰难的时期,对吧?"他疑惑地回答:"贾拉斯,上六年级有什么难的?"我试着搞笑,但利奥完全不明白这一点。对您来说,用"等我一分钟"来回应孩子们的求助可能只是随口应答,但对孩子们来说,60秒就是您应该回来帮助他们的精确时间。

- 提供其他沟通方式,尤其是压力较大时,比如使用符号或者书面时间表。有很多方法可以做到这一点:孩子可能因为提出去厕所的请求而感到尴尬,坚持要求他们进行口头询问可能会让他们更加焦虑,一张带有厕所照片或符号的卡片可能也不能令人满意,因为那样也会被其他能看到的人知道他们的需求。不妨让孩子们用一张商定色彩的简单正方形在不失尊严的情况下快速轻松地向您传达信息。

帮助社交互动困难孩子的方法

这是一个困难领域,可能导致自闭症孩子被贴上古怪、缺乏同情心的标签。但是,孩子们没有发出您认为正确的言行,并不意味着他们不关心其他人。

- 接受一些孩子可能更喜欢与他们自己的同伴在一起的事实,尽量不要强迫他们跟其他人一起玩耍或协作。想要与人交往但不知道怎么交往和想一个人独处是有区别的。之前的不良经历可能还历历在目,使人们不愿意重蹈覆辙,这是可以理解的。他们也可能会因为与他人交往而感到疲倦和压力很大,需要比其他人更多的时间来慢慢适应。

- 需要认识到孩子只找少数孩子或者某个特定孩子为伴,可能是因为他们彼此很熟悉,更容易预测。这种可预测性也可能是成人陪伴比其他伙伴的陪伴更受欢迎的原因。

- 对自闭症人士而言,分享兴趣爱好这件事可以使他们更加专注和热情,它是一个鼓励开始社会交往的良好开端,因为他们自身有一些共同点。

- 学习如何开始和结束交谈。虽然这听起来可能比较奇怪,但是在别人说话时打断谈话或者干脆走开都不太合适。记得 2011 年我进入新学校工作的第一天,格蕾丝(Grace)第一次见到我就问:"您太太怎么样?""呃,她很好。您认识她吗?""不,我不认识,"格蕾丝说。她有一个得体的谈话开场白,这对大多数成年人通常都有效,所以格蕾丝坚持了下来。开场白启动了对话,从那开始,成年人就交谈起来了。罗斯(Ross)也一样。当他知道我支持阿森纳球队时,他的开场白就总是"阿森纳,嗯?他们表现得不太好,是吗?"他知道我会笑,然后对他支持的切尔西球队说些类似的话,交谈就这样进行下去了。交谈结束时使用的脚本也非常重要,"很高兴和你聊天"或者"我得走了,再见"这些话不会冒犯别人,每个人都明白谈话结束了。

帮助具有行为、活动或兴趣有限和重复模式孩子的方法

如果您周围的世界是一个很难放松的地方,那常规、规则和仪式是帮助孩子控制自己行为的好办法。从这个意义上说,对于自闭症孩子,学校是个好地方,因为它们依靠常规和规则来有效运作。但要记住,这些规则不是自闭症孩子制定的,孩子们可能会认为有些规则不合逻辑,比如,在30℃的室外仍然打领带,穿西装,扣上上衣扣子,这些规则可能会产生相反的效果。

无论学校组织得多么严格,变化都会发生。有些变化是事先计划好的(如旅行、哑剧、颂歌仪式或体育设施),有些则是临时通知的(如因教师生病而由同事或者教辅老师代替),还有一些完全不在计划内,比如火灾警报响起,但更可能是其他孩子或成人的行为。与自闭症孩子沟通并为即将到来的变化做好准备非常重要。如何准备它们取决于您自己,但我见过的最好例子是将沟通变化本身融入日常生活。一位同事以这种方式管理他的晨间辅导小组——让孩子们用层压和粘扣方块制作了他们的时间表。如果威尔逊(Wilson)先生下午的英语课将由"布莱思(Blyth)女士"或者"代课老师"代上;或者,如果因为天气原因室外场地无法使用,就将活动场地改为体育馆。虽然这些并不能保证可以防止问题的发生,但您已经竭尽所能为孩子们做好准备,以应对您已知的变化。您也可以让他们为一些可能没有计划的事情做好准备。例如,消

防疏散演习显然是一种可以让孩子在未经通知的情况下随时做好准备的方法，这样的时刻可能依然很有压力，但对情况的处理可能会比根本没有任何准备时好得多。

米尔顿等人（Milton et al.，2016）[10]的著作是一本内容翔实的读物，正如他们自称的那样，书中探讨了如何制定规则以确保自闭症人士和学习困难者不会形成具有挑战性行为（但他们确实对该如何应对给出了建议）。

感官问题

对来自一个或多个感官的信息高度敏感或低敏感可能是一个严重的问题，这不仅对自闭症孩子适用，对其他许多有特殊教育需要的孩子也是如此。这些感官敏感性会严重影响孩子的舒适感与学习能力，并对他们的行为产生重大影响。

重要的是认识到感觉寻求行为和感觉逃避行为是什么——是孩子们试图满足自己的需求，更重要的是认识到它们不是什么——这些脆弱的孩子只需要变得坚强起来，因为他们只是有点吵，或者不想系与校服配套的领带。以下是一个典型的例子：

我的一个学生马修（Matthew）在主流中学上学时，曾经吃过石膏板和蓝丁胶。这件事发生后，学校惩罚了马修，但遗憾的是，学校没有认识到他们看到的是一种对高强度压力和焦虑的反应，这种现象被称为异食癖（进食或吞咽不可食用的东西）。学校的惩罚使情况变得更糟，所以您可以看到它会给马修带来多大的困扰。学校本来可以做很多事情来减轻他的压力（很不幸，这是由欺凌造成的），但学校既没有认识到事情发生的前因后果，也没有试着去了解。学校将所有改变的责任都推到马修身上，但是马修当然无法治愈自己的自闭症，也无法减轻日趋加剧的对压力的异食反应。他离开了那里，与我们一起度过了没有石膏板和蓝丁胶的三年时光。在我的课堂上，马修不止一次提出过这种问题："我想知道他们对吞食与涂抹粪便的情况如何处理。"

帮助有感官问题孩子的方法

- 与您的特殊教育需要协调员合作创建一份感官档案，帮助您想出如何最大限度地支持您的孩子。自闭症教育基金会的感官评估清单可以为您提供帮助。[11]

- 接受您不得不为有感官问题的孩子做出调整的事实。您可能不喜欢护耳器的外观、耐嚼管（一种可以咀嚼的塑料物品），或喜欢穿运动裤而不是校裤，但这些都能引起孩子们积极的感官体验。

- 弄清楚哪些是您需要支持的，哪些不是。反复来回摇晃的孩子对您来说可能不常见，您可能会有阻止孩子这样做的冲动，但这样是不是又产生了一个亟待解决的新问题？孩子们正以这种方式寻求感官输入，这很可能会让人平静下来。以前我的一些学生不停地舔手指，然后在身体的各个部位擦拭这些手指，一只在膝盖上擦拭，另一只在脸颊上擦拭，这样的动作在白天反复不断地出现。如果您亲眼看到这些，可能会觉得烦躁，但这并不是阻止它发生的理由——它不会对其他孩子造成干扰，他们这样做是有原因的，所以让他们继续这样做吧。

英国自闭症协会在其网站上提供了一些更为详细的支持感官差异的极佳建议。[12]

工作记忆

我与那些有特殊教育需要的孩子待在一起越久，就越确信工作记忆问题可能是几乎所有与我相处的孩子面临的最大的共同障碍。工作记忆与短期记忆不同。如果我要求您重复序列9、4、8，那么您正在使用您的短时记忆；但如果我要求您将这个序列倒着说一遍，那么您将使用您的工作记忆，因为您必须先保存输入的信息，然后在给出答案之前进行一些加工。工作记忆也用来保存信息，同时从长期记忆中提取信息。例如，当被问到16的平方时，孩子们需要在工作记忆中记住 16 这个数字,同时从长期记忆中提取数学运算"平方"的含义以及两个数相乘的运算法则,然后将两者结合起来。在我女儿的意识里,她做这道题会先计算 6×6、10×6(两次),最后计算 10×10,把它们加起来得到最终答案 256。您可以看到,如果孩子们从未设法保留对"平方"的含义以及乘法一般规则的记忆,那么任务就不可能完成。当然,最终他们会记住 $16^2 = 256$,正如我的大儿子那样,通过长时记忆直接回忆起这个知识点,减少了工作记忆的负担,因为他只需要在长时记忆中保留 16 这个信息就能检索到答案。

您会发现,工作记忆方面的困难会引起学生课堂上的挫败感,从而导致不良行为或被认为是不良的行为,如注意力不集中或放弃任务。对我们来说,重要的是认识到什么时候工作记忆成为一个问题,并尽一切可能帮助孩子避免工作记忆负荷过重。

工作记忆困难的典型特征是:

- 显得没有条理。

- 注意力不集中。

- 没有遵循指示,或者忘记一系列指令中的部分或全部指令。

- 未完成任务(包括退出),或在复杂任务中没做好自己该做的事情。

- 学习成绩差,尤其是在数学和阅读方面。

盖瑟科尔和阿罗维(Gathercole and Alloway,2007)[13]的报告指出,班级中学生工作记忆能力的差异很明显。他们预计在一个有代表性的三年级班级(即 7—8 岁孩子的班级)中,至少有 3 个孩子的工作记忆相当于 4 岁孩子的平均水平,另外至少有 3 个孩子的工作记忆相当于 11 岁孩子的平均水平。不妨思考一下这对您教学的影响以及对差异化意味着什么。

帮助工作记忆困难的孩子的方法

- 通过简单的指令及一次表达一个指令来减轻他们的工作记忆负荷。

- 留出处理与思考问题的时间。

- 减少材料的数量。

- 使用工作计划表(上文提到过)来分解复杂的任务。

- 使用备忘录,如书写框架或乘法网格。

- 重复,重复,重复。

- 使用时间表、物品清单、文件分隔器以及用以存放文具、体育用品、钱等特定物品的背包内的专用袋和夹克衫/运动衫的口袋等,以帮助做好个人物品归置和管理。

进一步讨论——问题和相关活动

- 在学校里我们是否存在这样的问题:有特殊教育需要的孩子和残障孩子受到惩罚、放学后留校、隔离和/或停学的人数过多? 如果是,为什么会这样? 我们该怎么办?

- 整个学校有关自闭症,阅读障碍,言语、语言和沟通需求以及注意缺陷多动障碍等主题的知识和技能更新情况如何?

- 请言语和语言治疗师或职业治疗师(您的特殊教育需要协调员可以安排)或当地特殊学校的外展教师(outreach teacher)就如何在课堂上支持沟通与感官需求的问题进行实践培训课程(顺便说一下,与职业治疗师合作大大提高了我的教学水平)。让他们在课堂上与您合作,为那些与您一起共事的孩子示范有效的策略。

注释

1　Department for Education (2017). Permanent and Fixed Period Exclusions in England: 2015 to 2016. www.gov.uk/government/statistics/permanent-and-fixed-period-exclusions-in-england-2015-to-2016 (accessed on 11 December 2017).

2　Ofsted (2015). School Inspections and Outcomes: Management Information. www.gov.uk/government/statistics/monthly-management-information-ofsteds-school-inspections-outcomes (accessed on 11 December 2017).

3　Cohen, N. J., Barwick M. A., Horodezky, N. B., Vallance, D. D. and Im, N. (1998). "Language, Achievement, and Cognitive Processing in Psychiatrically Disturbed Children with Previously Identified and Unsuspected Language Impairments", *Journal of Child Psychology and Psychiatry*, 39(6): 865 – 877.

4　Gregory, J. and Bryan, K. (2009). *Evaluation of the Leeds Speech and Language Therapy Service Provision within the Intensive Supervision and Surveillance Programme Provided by the Leeds Youth Offending Team*. Unpublished report. Leeds: Youth Offending Service.

5　Lindsay, G., Dockrell, J. and Strand, S. (2007). "Longitudinal Patterns of Behaviour Problems in Children with Specific Speech and Language Difficulties: Child and Contextual Factors", *British Journal of Educational Psychology*, 77: 811 – 828.

6　St. Clair, M. C., Pickles, A., Durkin, K. and Conti-Ramsden, G. (2011). "A Longitudinal Study of Behavioral, Emotional and Social Difficulties in Individuals with a History of Specific Language Impairment (SLI)", *Journal of Communication Disorders*, 44(2): 186 – 199.

7　Van Daal, J., Verhoeven, L. and van Balkom, H. (2007). "Behaviour Problems in Children with Language Impairment", *Journal of Child Psychology and Psychiatry*, 48(11): 1139 – 1147.

8　Great Ormond Street Hospital NHS Foundation Trust (2016). Information for Families: Attention Deficit Hyperactivity Disorder (ADHD). Ref 2016F1282. www.gosh.nhs.uk/medical-information/attention-deficit-hyperactivity-disorder-adhd (accessed on 11 December 2017).

9   National Autistic Society (2016). What Is Autism? www.autism.org.uk/about/what-is/asd.aspx (accessed on 11 December 2017).

10 Milton, D., Mills, R. and Jones, S. (2016). *Ten Rules for Ensuring People with Learning Disabilities and Those Who Are on the Autism Spectrum Develop "Challenging Behaviour" ... and Maybe What to Do about It*. Hove: Pavilion Publishing and Media Ltd.

11 Autism Education Trust (n. d.). National Autism Standards: Sensory Assessment Checklist. www.aettraininghubs.org.uk/wp-content/uploads/2012/05/37.2-sensory-assessment-checklist.pdf (accessed on 11 December 2017).

12 National Autistic Society (2016). Sensory Differences. www.autism.org.uk/about/behaviour/sensory-world.aspx (accessed on 11 December 2017).

13 Gathercole, S. and Alloway, T. (2007). *Understanding Working Memory: A Classroom Guide*. London: Harcourt Assessment.

第十一章
形成自己的风格

违背不公正法律是人的道德义务。

——马丁·路德·金(Martin Luther King)

本 章 要 点

- 行为是人与人之间以及人与环境之间相互作用的结果。

- 您为孩子创造的环境将影响他们的行为。

- 学校的行为政策是该环境的一部分。

- 在这项政策下,您有很大的自由空间来创建您想要的课堂,
  以便最大限度地满足您所教导孩子的需要。

- 教师也可能无意中滥用行为政策,对某些孩子(包括特殊教
  育需要孩子)不利。

- 将关键人物比如上级领导和那些通常可能只看到孩子消极面
  的人带进您的教室,让他们在活动中看到孩子们的成功。

　　本书中的所有内容都致力于通过您与学生之间的关系这一视
角来理解行为。您的行为和他们的行为都是人与人之间在学校及
其他地方复杂互动的结果,但也受到人们与环境之间交互作用的
重要影响。这就是您正在形成的人际关系的背景。您对教室的不
同布置会产生不同的影响。教室里的温度会带来不同感受,味道

也一样。我上中学时讨厌科学区的气味,这让我对自己选择成为一名科学教师这一工作感到很不能理解。您给学生选择的不同座位的位置会产生不同的影响,对有听力或视力障碍的孩子来讲尤其如此,他们可能需要坐在教室的特定一侧或尽可能靠前。很多事情都在您的控制范围内,如果不是(比如温度),您可以采取一些措施来帮助孩子们应对。校长们现在不再关注这些事情了:有些学校规定,在校长宣布更换夏季校服之前,孩子们不能脱掉运动外套。对于这样的政策,我是不予理会的教师之一。我认为,如果觉得房间足够暖和,我可以脱下外套,那么期望孩子们穿着外套是说不过去的。我也不喜欢"我们是成年人,他们是孩子"的谬论。坦白地说,让仍在发育中的孩子达到我们期望或要求的比成熟、合格的专业人士更高的标准是很可笑的。更重要的是,我相信孩子们能够合理地决定在我的课堂上需要做什么以使自己轻松自在。如果脱掉外套可以让他们更加放松,在不干扰他人的情况下以更好的状态集中注意力和学习,那么对我来说,拒绝他们这样做似乎有些小题大做。我不认为脱掉外套是一种反抗行为。这种想要控制一切的需求源于一种不安全感,因为如果我们对孩子脱下外套做出让步,就会引发混乱。它让我想起喜剧《黑爵士四世》(*Blackadder Goes Forth*)中,第一次世界大战中的梅尔切特(General Melchett)将军说的:"给他们一英寸,他们就会想要一英尺。不仅如此,他们还会要更多,直至你连容身之处都没有。"

您、您的同事和孩子们所处环境的一个主要部分是学校的行为政策。尽管我们可能遇到过一些似乎适得其反的政策,但它显然是为帮助您做好工作而设计的。一个良好的全校性行为政策为学校的成年人提供了坚持一贯做法的基础,并在您需要的时候提供支持。当您没有想法的时候，您可以依靠它；当您刚开始教书或刚到一所新学校工作时，它能成为您的精神支柱。

然而，它也会妨碍您。全校性政策可以强制执行您可能想拒绝或根本不同意的做法。您可能会觉得学校的政策过于严格，或者更糟糕的是，过于松懈；您可能觉得它增加了您的工作量，或者在这个过程中没有让您充分参与进来。您如何在学校的行为政策范围内形成自己的风格？如果同事言行前后不一致，像我这样的人就会愤怒，但这不同于盲目或呆板机械。一项政策中的某些内容是不可协商的，但是总应该有足够的空间让您和您的个性和原则发出光芒。然而，在我的教学生涯早期，我的确离开了一所学校，当时我觉得这个体系对我和那些身陷其中的孩子来说都过于严苛。我刚到学校不久，领导就告诉我，他更喜欢孩子们安静地完成张贴在黑板上的任务，实践任务最好是单独和安静地完成。这足以让我决定去别处工作。

我非常鼓励您向学校的上级领导询问有关您要支持的行为政策问题。好的领导欢迎教师们这样做，并乐于解释为什么以某种方式制定政策。如果他们无法向您解释，或者他们对自己的政策持防御态度，这会非常令人担忧。科学作家雅各布·布罗诺夫斯基(Jacob Bronowski)[1]说："问一个不恰当的问题，您就踏上了通往恰当答案的道路。"您可能对如何改进行为政策有很好的建议，我鼓励您给领导提这些建议。您在课堂教学上的经验很宝贵，好的领导会认识到这一点。

正如俗话所说，您决定着教室里的氛围，因此，不可避免地，您教室里的人际关系很大程度上决定了您对学校行为政策的依赖程度。您的幽默感，您如何创建学习环境，您对所教课程的热情，您对压力、危机、斗争和冲突的人性化反应,当学生感到无助时您给予的鼓励,您对他们生活的兴趣,当事情进展顺利时您努力与孩子家长联系,您付出的这些关心和所做的这些事情,共同造就了您的教师身份。

反 思 点

- 重新审视贵校的行为政策。它究竟坚持什么?什么是警告?确定您在教室中可以自己决定如何做事的领域。

令孩子们处于失败境地

形成自己的风格有时会让人觉得有点像颠覆了学校制度。尽管像我这样的人要求一致性,但在不同教室中,情况总是会有所不同。虽然您能通过良好的方式在制度中找到自己的空间,但是也能通过不好的方式来颠覆制度。在我工作的第一所学校,行为政策是基于警告制度的,目的是在孩子们被资深管理团队的成员从教室带走之前,为他们提供机会来修正行为。每个警告都伴随一个相应的约束,并随着学生的不合作而逐步升级。这又是行为主义在现实中的体现。第一个警告伴随的是成功经历提醒;第二个警告会导致少量时间的损失;第三个是课后留堂;第四个是放学后留校;第五个意味着该孩子已被带离您的课堂,在您和他的下一次课之前,你们一直处于隔离状态(可能是两个星期)。五个警告当然太多了,但是这种设计方案几乎必然导致升级,特别是当警告常常在公众场合大张旗鼓地发出时。在我工作的早期阶段,我会在班级黑板上写下很多孩子的名字,并在名字上做记号以便追踪动向。对任何一个来访者来说，这是我已经失去对课堂控制的最明显标志。我本可以在一张纸上写下这些，但我愚蠢地判定公开展示将向孩子们传达正在发生的事情的严重性。当然，它产生了相反的效果：累积多个警告的孩子发现警告很有趣，而那些学习受到干扰的孩子却因为我这个缺乏控制的表现感到烦恼。您在校园其他地方也可以看到这些。我会在别人上完课后走进实验室，或在校园里四处走动，在白板上看到几十条警告——那些都是有关生活支持的教训。然而，更糟的还在后面。在上课前，我开始对某些孩子发出两三个警告。在他们走进来之前，我甚至将它们写到黑板上。我那时正在想什么呢？说实话，我根本没有想过。我开玩笑说自己很坚强，并向孩子传达了一个确定的信息："看，现在这个事情很严重。你几乎已经没有机会自己解决这个问题。我这样做是在帮你和出于好意。"学生的问题实际上并未得到及时处理。这不是我的发明，是一位学校行为专家建议我这样做的。我要为自己是一个白痴和可耻地赶走这些孩子承担所有责任，但它说明，我们几乎很少讨论这种对我们学校自身制度的严重破坏行为。这是无法接受的破坏行为，我为自己曾经这样做感到羞耻。对孩子们来说，走进教室时就知道他们败局已定，这肯定会对他们造成极大的伤害。这群孩子正需要我更多的支持，而我却雪上加霜，给予他们更多的打击。

反 思 点

- 贵校的行为政策中是否有某些方面使某些孩子难以成功？您如何改善这种状况？

我也有过几次这种情况。在同一所学校，我们有一个用于奖励的彩票制度。当我们觉得孩子们达到并超出要求时，就给他们颁发彩票。因乔治（George）在化学课上数周的努力表现（过去常因行为不良而陷入麻烦），我奖励了他一张彩票。在学期结束时，所有的彩票都放入一个大滚筒中，其中一些彩票被抽出，从而产生奖品。集会前有人告诉我，乔治的彩票以及其他许多彩票已经被从那一堆彩票中拿出来了，原因是"我们不能让某些孩子在整个学校面前赢得奖品"。我很愤怒，但是没有勇气表明我的立场。我的专业判断没有被考虑，但更糟糕的是，乔治的努力被抹掉了。如果像我这样的教师也会让孩子们甚至在没有获得警告的情况下处于失败境地，那这些制度下的孩子们就没有成功机会。让问题变严重的是，他们来之不易的成就被极权统治的学校抹去了。

这里需要再次强调第三章开头海姆·吉诺特的那段直言不讳的话，尤其是结尾那句话："在任何情况下，我的反应决定了危机是升级还是降级，决定了孩子是人性化的还是非人性化的。"您可以将学校的行为政策作为赶走孩子的杠杆，或者设法保证在您每次伸出援手帮助孩子和每次他们需要您时，它对您和孩子均有利。

反　思　点

- 贵校的奖励和认可政策中，是否有些方面实际上无法适用于某些孩子？您可以采取什么措施来缓解这种情况？

保持积极乐观

行为政策的存在是为了应对行为不良的情况。因此，它们主要聚焦对不良行为的反应。它们也可能包含有关学校奖励制度的信息，但本质上，它们是负面的、回应性的文件。它们不太可能强制要求您必须做什么，来为您的课堂提供一个积极和令人振奋的环境，而这正是您自己个人风格发挥作用的地方。它们也不太可能涉及过于细节的内容，日常互动是课堂上出色行为表现的基础。您有充分使用自己积极的现场策略的空间，这样您的班级就可以拥有那种有趣、有意义的感受，而这种感受不能被伪造，也不能由恐怖气氛催生。有些政策可能命令性较强。我的一个朋友是一所学校的校长，他坚持要求所有班级都有按字母顺序排列的男孩/女孩座位表。对我来说，这有些过头了，因为它没有考虑到这些配对可能有效，也可能无效。我也非常确定，性别不平衡和其他因素至少有时会使这种情况成为不可能。他有他的理由，我尊重他和那些执行者，但我仍然从根本上不同意他们的做法。那所学校的教师没有这种自主能动性，对他们来说，要做到自主决定在课堂上做什么，还需要大量工作。

也许您学校的每个班级都有我在第五章提及的努力贴纸图表——我知道很多小学都有。谁说它必须公开展示？如果您觉得有必要奖励努力贴纸，并且您确定这种努力的确是您认可的，那么请将图表粘贴在视线之外的储存柜里。您为什么还要记分呢？这真的重要吗？您可以在记事本上做个记录，然后将图表放进柜子里。

交通信号灯系统也是如此。我在前面的章节中建议您将交通信号灯系统放进柜子里，但是，如果学校坚持要您展示一个交通信号灯系统，那么请保留重要的一点，在该位置建议孩子如何改善其行为，并弃用将他们的名字移到琥珀色或红色灯光的公开展示部分,避免让人看见。将它们全部留在绿灯位置。它很快就会因缺乏使用而变得多余,然后您就可以有意用其他展示内容覆盖这部分。

贵校可能尚未使用修复性原则来解决冲突。没有什么可以阻止您在诸如放学后留校、操场上或走廊上使用它们。当然,从长远来看,全校性方法可能会更加有效,但是为了学会正确使用,您可以通过获得所需培训来率先使用这种做法,然后与同事分享成功经验。

反 思 点

- 贵校是否有一些确实可以弃用的行为主义习惯做法?

尽管我在前面分享了我工作早期的一些错误,但我也取得了一些成功。我最成功的策略之一是大力传播孩子们在行为改善方面取得良好进展的消息。

我厌倦了我们作为一所学校对待前文提到的像乔治这样特殊孩子的那种令人沮丧的做法。虽然坐在员工办公室里谈论乔治的生活状况可能是员工们的随意聊天,但这很可能会偏离正题,而危险地接近"嗯,在我上课的时候,他从来没有任何问题!",但是我决定尝试其他方法。我会去找班主任、年级组长、负责行为管理的副校长和校长,请他们到我的课堂上花一些时间观察某个特殊孩子。我会简短地介绍相关情况,让他们知道事情的进展,四处走走,对每个孩子都表现出兴趣,当然一定要确保他们仔细阅读了某个特定孩子的情况记录本,并告诉孩子们,这些教师听说他们在物理领域取得很大进步而对他们倍加关注。虽然这并不总是可能发生,但是当孩子们知道关于他们的好消息正在传播时，会受到激励，会受到极好的影响。因为管理者更有可能由于负面原因遇到孩子，所以我还想让他们近距离观察孩子们在什么地方取得了成功。这样，孩子们与那些往往只看到消极面的成年人也有了积极互动。这里，我再次强调将好消息传回家的力量。同样，您的学校不太可能强制这样做，但是您可以怀着极大的热情使用此方法。广为传播好消息总是轻松取胜。然而，它确实带来谨慎对待的警告。我试图用这种方法把好消息传到全校师生的晨会上，但结果是喜忧参半；它不止一次适得其反。这是因为有些孩子讨厌公众的认可或成为关注焦点，而我没有充分考虑到他们可能对这种暴露会有什么样的反应。有一次，当我尝试这个方法的时候，一个十几岁的孩子在晨会上泣不成声。还有一次，一个在行为上取得长足进步的孩子获得一项学术奖，我试图在晨会上将这个奖颁发给他，他却拒绝上台领奖。你们都知道，我本来应该读懂这些信号，先将证书留在身边，但我却走到他的座位前把证书递给他。当我往回走时，我的手里还拿着那张证书，向我惹的麻烦致敬！

反 思 点

- 您如何通过学校传播有关行为进步的好消息？谁需要加入进来去付诸实施？

工作早期我之所以会犯那些错误，主要是因为我过分依赖学校的行为政策。我还没有调整好我的课堂实践，也没有形成足够的职业自信。我清楚地记得，在我教书的第五年，事实上我开始觉得自己能掌控班级了，但是我对行为的思考还不够深入；我没有和

同事针对行为进行任何方面的深入讨论，例如，我没有读过比尔·罗杰斯或罗布·朗的任何作品。历经千辛万苦，我积累了足够的经验，树立了职业自信。我想几乎所有教师在有关行为上都是这样做的，但是我也花了很长时间去学习和胜任。我仍然记得我在实习教师培训时所上的第一堂课。就像实习教师经常做的那样，当时我教九年级的学生制作扩音器，花了大约3小时设计1小时的课程。但不到40分钟，我就讲完了。我教案里的一切内容都上完了，我就像一个新生儿一样无助。副班主任当时正在教室后面听课。我看着他，动嘴唇无声地对他说"帮帮我"。他站起来，走到教室前面，非常自然地从我中断的地方继续讲解。我像有一个空的工具箱，而副班主任就像有一把教学版瑞士军刀，似乎随时都可以应付任何情况。在行为管理上也是如此。在早期，您可能会被各种全新情况搞得晕头转向，但是，您越早开始建立一种内在的把握和信心，相信自己可以应对学校布置给您的大量工作，就可以越快将之转化为您照顾的孩子们的安全感。

不要依靠学校的行为准则来完成您繁重的工作。它为您提供支持——故千万不要以为我建议您忽视它——但它不能取代您带来的人性和人文关怀。大胆将您的教室布置成最适合孩子学习的样子。永远保持积极乐观、韧性、主动，您会发现您对学校政策的依赖越来越少。

进一步讨论——问题和相关活动

- 我们的行为政策命令性如何？
- 是否有我们坚持认为可以由个别教师决定如何在自己教室中实施的事情？

- 是否可以在员工会议上留出时间,让教师和教辅人员分享他们在课堂上行之有效的做法?
- 我是否习惯使用行为主义策略,例如,我可以停止使用能立刻生效的行为交通信号灯系统吗?
- 如果有的话,我需要用什么来替代它们?

注释

1 Bronowski, J. (1973). *The Ascent of Man*. London: BBC Books.

结　　语

我们的工作是教导学生。不是那些我们想要的学生。不是我们曾经的学生。他们是我们现在的学生。所有的学生。

——凯文·马克斯韦尔博士（Dr. Kevin Maxwell）

探索如何改善行为，就像在暴风雪中寻找高尔夫球一样。您可能会张开双臂四处游荡，在暴风雪中眯着眼睛寻找表明您在正确轨道上的蛛丝马迹，同时试图触摸到这个难以达到的目标。雪地中可以看到的脚印可能是您先前留下的，也可能是其他众多为同样的事情孤身探寻的教师留下的。不幸的是，没有霓虹灯路标给您指明正确方向，也没有扫雪机清理出一条通向终点的简单、直接的路线。

不过，这儿有队友，有父母和助教组成的盟友，以及能够互相支持、使你们共同奋斗的目标更有可能实现的教师们。

您有机会摆脱一直让您感到沉重的冗余装备，例如，错误的思维或无效的惩罚。您有机会用更新、更有效的装备（例如修复性练习）来替换旧装备，这将帮助您加快步伐，并保持前进的势头。

您可以利用一些鼓舞士气的因素，如对孩子无条件积极关注和情感投资，这意味着在事情变得艰难时，您会继续前进。这些将帮助您挑战那些预测失败的人，您会将其看作一种紧张和职业上的不安全感，而这是他们安全感需求没有得到满足的体现。

在这一过程中，您会发现一些带有指引性的标志，例如孩子内在动机的增强，这会让您确信，持久的行为改变指日可待。

　　希望本书能促进您思考，帮助您反思正在做的这项伟大事业，助力您让事情变得更好。我将为您的进步感到高兴。感谢您与我一起度过这段时光。

贾拉斯·奥布莱恩

精 选 书 目

Biesta, G. J. J. (2015). *Beautiful Risk of Education*. Abingdon: Routledge.

Blair, C. and Raver, C. C. (2015). "School Readiness and Self-regulation: A Developmental Psychobiological Approach", *Annual Review of Psychology*, 66: 711 - 731.

Blair, C. and Razza, P. P. (2007). "Relating Effortful Control, Executive Function, and False Belief Understanding to Emerging Math and Literacy Ability in Kindergarten", *Child Development*, 78(2): 647 - 663.

Burchinal, M. R., Peisner-Feinberg, E. S., Bryant, D. M. and Clifford, R. M. (2000). "Children's Social and Cognitive Development and Child Care Quality: Testing for Differential Associations Related to Poverty, Gender, or Ethnicity", *Applied Developmental Science*, 4(3): 149 - 165.

Cross, M. (2011). *Children with Social, Emotional and Behavioural Difficulties and Communication Problems: There Is Always a Reason*. London: Jessica Kingsley.

Dix, P. (2017). *When the Adults Change, Everything Changes: Seismic Shifts in School Behaviour*. Bancyfelin: Crown House Publishing.

Dreikurs, R., Cassel, P. and Dreikurs Ferguson, E. (2004). *Discipline without Tears*. Etobicoke, Ontario: Wiley.

Driver, R., Squires, A., Rushworth, P. and Wood-Robinson, V. (1994). *Making Sense of Secondary Science: Research into Children's Ideas*. Abingdon: Routledge.

Kohn, A. (1993). *Punished by Rewards: The Trouble with Gold Stars, Incentive Plans, A's, Praise and Other Bribes*. New York: Houghton Mifflin.

Kohn, A. (1996). *Beyond Discipline: From Compliance to Community*. Alexandria, VA: Association for Supervision and Curriculum Development.

Milton, D., Mills, R. and Jones, S. (2016). *Ten Rules for Ensuring People with Learning Disabilities and Those Who Are on the Autism Spectrum*

Develop "Challenging Behaviour" … and Maybe What to Do about It. Hove: Pavilion Publishing and Media Ltd.

Mitchell, D. (2014). *What Really Works in Special and Inclusive Education*. Abingdon: Routledge.

Muijs, D. and Reynolds, D. (2011). *Effective Teaching: Evidence and Practice*, 3rd edn. Los Angeles, CA: Sage.

Myatt, M. (2016). *High Challenge, Low Threat: How the Best Leaders Find the Balance*. Woodbridge: John Catt Educational.

O'Brien, T. (2015). *Inner Story: Understand Your Mind, Change Your World*. CreateSpace.

Rogers, B. (2002). *Classroom Behaviour: A Practical Guide to Effective Teaching, Behaviour Management and Colleague Support*. London: Paul Chapman Publishing.

Vanier, J. (2008). *Becoming Human*. Mahwah, NJ: Paulist Press.

Webster, R., Russell, A. and Blatchford, P. (2016). *Maximising the Impact of Teaching Assistants: Guidance for School Leaders and Teachers*. Abingdon: Routledge.

图书在版编目（CIP）数据

更好的行为：给教师的指南 /（英）贾拉斯·奥布莱恩著；邱莉译.—上海：上海教育出版社，2024.6.—（教师成长必读系列 / 刘春琼 刘建）. — ISBN 978-7-5720-2749-9

Ⅰ．G650

中国国家版本馆CIP数据核字第2024MX5454号

上海市版权局著作权合同登记号 图字09-2024-0460号

责任编辑 廖承琳
封面设计 郑 艺

教师成长必读系列
更好的行为：给教师的指南
[英] 贾拉斯·奥布莱恩 著
邱 莉 译

出版发行 上海教育出版社有限公司
官 网 www.seph.com.cn
地 址 上海市闵行区号景路159弄C座
邮 编 201101
印 刷 上海展强印刷有限公司
开 本 640×965 1/16 印张 14.25
字 数 160 千字
版 次 2024年6月第1版
印 次 2024年6月第1次印刷
书 号 ISBN 978-7-5720-2749-9/G·2428
定 价 68.00 元

如发现质量问题，读者可向本社调换 电话：021-64373213